Дерек Принс

НАЗНАЧЕНИЕ В ИЕРУСАЛИМ

КНИГИ ДЕРЕКА ПРИНСА
переведенные на русский язык

I0134343

Наименование:

Библейское лидерство: Наблюдайте за собой / Что значит быть мужем Божьим?

Библия, философия и сверхъестественное

Благая Весть Царства

Благодарение, хвала и поклонение

Благодать уступчивости (Благодать повиновения)

Благословение или проклятье: тебе выбирать!

Бог — Автор брачных союзов

Бог написал сценарий твоей жизни

Божий план для твоих денег

Божье лекарство от отверженности

Вера, которой жив будешь (Вера как образ жизни)

Вехи моей жизни / Уверенность в Божьем избрании

Влияние на историю через пост и молитву

Война в небесах

Входя в Божье присутствие

Духовная война

Если вы желаете самого лучшего Божьего

Завет

Защита от обольщения / Что есть истина?

Искупление

Как быть водимым Духом Святым

Как найти план Божий для своей жизни

Как правильно поститься

Как применять кровь Иисуса

ДЕРЕК ПРИНС
со слов своей жены Лидии Принс

Назначение в Иерусалим

*Посвящается Иерусалиму –
городу великого Царя,
с любовью*

2013

Все выдержки из Нового и Ветхого Заветов
(кроме отмеченных особо) взяты из
Синодального перевода Библии на русский язык.

APPOINTMENT IN JERUSALEM
Derek Prince

Derek Prince Ministries – International
P.O.Box 19501
Charlotte, NC 28219-9501
USA

НАЗНАЧЕНИЕ В ИЕРУСАЛИМ
Дерек Принс

Переведено и издано
Служением Дерека Принса на русском языке
Translation and publication by Derek Prince Ministries – Russia

Вы можете написать нам по адресу:
Служение Дерека Принса
а/я 72
Санкт-Петербург
191123
Россия

Служение Дерека Принса
а/я 3
Москва
107113
Россия

ISBN: 978-1-78263-063-0

Вы можете обратиться к нам через интернет:
info@derekprince.ru

или посетить нашу страницу:
www.derekprince.ru

DEREK
PRINCE
MINISTRIES
RUSSIAN WORLDWIDE

Оглавление

Вступление

Это история трёх лет жизни удивительной женщины, мужем которой я имею честь быть. Это описание тех трёх лет, на протяжении которых она оставила материальный комфорт и успешную карьеру и погрузилась в жизнь, полную опасностей, лишений и разлуки со всеми, кто был ей дорог. Будучи преподавателем высшего уровня, она в одиночку, не имея денежных средств, покинула свою родину – ухоженную и спокойную Данию – и отправилась в землю обострённых взаимоотношений и примитивных условий жизни. Пунктом её назначения был Иерусалим – Иерусалим времён начала открытых столкновений между евреями и арабами, которые продолжаются по сей день.

Там Лидия перенесла голод и жажду, опасности уличных боёв и осад. И там же она нашла то, что ищет (но так редко находит) всякий живущий человек: радость, мир, и полную безопасность, вопреки всем внешним обстоятельствам жизни.

Духовные поиски Лидии опередили её собственное поколение, во многом она стала одним из первопроходцев полноевангельского движения, которое с тех пор считается самым положительным и обнадёживающим явлением наших дней. В виду всё возрастающего давления и напряжения, с которыми сталкиваемся все мы, её жизненный пример указывает путь к ответам, которые выдержат испытание последнего времени.

Так было и в моём случае. Мы встретились и поженились с Лидией в Иерусалиме в конце Второй Мировой войны. Закончив Итон-колледж и Кембриджский университет, я был избран действительным членом Научного Общества Кингз-Колледжа в Кембридже, откуда спустя шесть лет я был призван на войну. Но с того момента, когда я взошёл по ступеням к дверям серого каменного дома и встретился с голубоглазой женщиной, которую несколько еврейских и арабских детей называли мамой, в моей жизни начался совершенно новый этап обучения.

В том доме я познакомился со Святым Духом, не как с одной из Личностей богословского учения о Троице, но как с настоящей, мощной повседневной реальностью. Я был свидетелем того, как Лидия расставляла на столе тарелки, когда не было еды, зная, что когда мы сядем за стол, Бог даст пищу. Я видел, как она запрещала лихорадке и болезням в детях, и как болезни отступали.

Но самое больше впечатление на меня производило то, как Дух питал её, вёл её, поддерживал её целый день и каждый день, через страницы Библии. Раньше я изучал Писания на языке оригинала, анализировал исторические компоненты, размышлял над истолкованием. Лидия же слышала всё это сердцем. «Я читаю Евангелие от Иоанна, – сказала она однажды, – как письмо любви».

За тридцать лет брака я научился от Лидии, что такая молитва, исходящая из самых близких отношений с Библией, это не какое-то субъективное переживание, но действительная сила – самая могущественная сила в мире. Однажды наша дочь Джоанна сказала своему сыну Джонатану, что Лидия о чём-то молится. «Ну, если об этом молится бабушка, то всё в порядке», – прокомментировал Джонатан.

Во всём этом меня больше всего удивляет то, что первые тридцать пять лет своей жизни Лидия, согласно её собственному суждению и мнению всех других людей, совсем не была похожа на человека, с которым это может случиться. Интеллектуалка, немного сноб, зажиточная молодая женщина, которая интересовалась новыми красивыми вещами, танцами и всеми удовольствиями культурного мира, в котором она родилась; она читала Библию только тогда, когда это требовалось по программе в педагогическом колледже.

Тот путь, идя по которому этот агностик двадцатого века обнаружил реальность Бога, полон руководящих указаний для всех нас, полон практической помощи для всех тех, кто занят такими поисками сегодня. Я с самого начала побуждал Лидию записать её историю. Но Лидия всегда была слишком занята жизнью, чтобы описывать её. Постепенно я понял, что если эту историю и опишет кто-то, то это придётся сделать мне. К тому времени я близко познакомился со всеми местами и почти со всеми людьми, которые фигурируют в этих событиях, поэтому я смог воссоздать и сцену действия, и персонажи согласно первоисточнику.

Это рассказ о Лидии. Я старался, насколько это возможно, войти в её мысли и переживания, передать события её собственными словами так, как она переживала их тогда – не стараясь нанести глянец на борения и слабости, но позволяя реальной женщине говорить за себя.

Однако в этой книге есть ещё один герой – в некотором смысле истинный главный герой – город Иерусалим. В этих главах Лидия изображает Иерусалим таким, каким она увидела его в первое десятилетие после четырёх веков турецкого владычества – очень отличавшимся от того города, который сегодня знаком туристам. Затем, в конце книги, начинаю говорить я, пытаясь приподнять завесу будущего и обрисовывая то, что ожидает Иерусалим – и всех нас. Потому что ключ к мировой истории лежит именно в этом городе.

То, о чём я пишу, может случиться в ближайшие десятилетия. Библия не говорит, когда это будет; но она уверяет нас, что всё произойдёт именно так, как это предсказано. Мы молимся, чтобы благодаря этой книге мы с Лидией смогли поделиться с вами мыслями о грядущей судьбе этого города и той любовью, которую он внушает всем, кто всерьез воспринимает побуждение Божие – *«Молиться о мире для Иерусалима»*.

ДЕРЕК ПРИНС

Примечание автора

При описании жизни Лидии упоминаются разные виды валют – датские кроны, фунты Великобритании, палестинские фунты, доллары США. В большинстве случаев, для удобства читателя, суммы в других валютах выражены в соответствующем эквиваленте в долларах США на то время.

Во избежание огорчений и недоразумений имена некоторых персонажей изменены.

1. Тиква

На вечернем небосклоне угасли последние отблески заходящего солнца, и опустевшие улицы Иерусалима заполнила тьма. Тишину нарушал только звук от соприкосновения моих туфель с мостовой. По моим щекам бил влажный резкий ветер. Я инстинктивно крепче сжала тот свёрток, который несла в руках.

Наконец, вздохнув с облегчением, я свернула на каменную лестницу, которая вела к двери полуподвального этажа. Прижимая свёрток левой рукой, правой я нащупала в кармане своего пальто тяжёлый железный ключ и вытащила его. Ключ издал скрежещущий звук, который эхом разнёсся по пустынному двору. Поспешно войдя внутрь, я снова вставила ключ с другой стороны, и тот же самый глубокий металлический звук подтвердил, что дверь надёжно заперта.

Наощупь я добралась до кровати у противоположной стены, и положила на неё свой свёрток. Рядом с кроватью стояла деревянная тумбочка. Пошарив рукой по ней, я нашла коробку со спичками и зажгла одну из них. Крошечное пламя осветило керосиновую лампу, которая стояла на тумбочке. Я чиркнула ещё одной спичкой и зажгла лампу.

Огонек лампы осветил простую комнату с полом из голого камня-плитняка. Стены тоже были выложены из камня и тоже были голые, за исключением цветного календаря, висевшего над кроватью. Кроме кровати и тумбочки, было только три других предмета обстановки – стол и стул возле стены, и плетёный сундук под окном. На окнах была массивная металлическая решётка – немое свидетельство того страха, который побуждал всех местных жителей превращать свои дома в крепости.

Я снова подошла к свёртку на кровати. Внутри свёрнутой чёрной и грубой шали лежала маленькая девочка, крошечное тело которой было частично закрыто грязной ситцевой рубашонкой. Кожа на её лице, похожая на нежный жёлтый пергамент, плотно обтягивала скулы, и, казалось, пылала при моем прикосновении. Чёрные волосы, влажные от испарины, прилипли к вискам. Из глубоких впадин на меня посмотрели и тут же закрылись два чёрных глаза.

Я раскрыла край шали и достала бутылочку, в которой было немного тепловатого молока. Вдруг из складки шали выпала скомканная бумажка и мягко упала на пол. Я осторожно вставила бутылку в рот ребёнка и стала ждать реакции. Поначалу казалось, что ей было тяжело сделать усилие и начать пить, но через некоторое время она начала медленно сосать из соски.

Я подняла бумажку с пола и расправила её. На ней были три строчки со словами, тщательно написанными заглавными буквами: «ТИКВА КОХЕН – РОДИЛАСЬ В ИЕРУСАЛИМЕ 4-ГО ДЕКАБРЯ 1927 ГОДА».

Невольно я посмотрела на висящий над кроватью календарь. Была пятница, 28 декабря 1928 года. Верилось с трудом – ребёнку был уже один год! Если бы мне пришлось судить только по её размерам и весу, я бы сказала, что ей вполовину меньше.

Девочка продолжала сосать, а я осмотрела комнату. Мне нужно было защитить её от влажного воздуха и холодных камней. Что я могла использовать? Мой взгляд упал на плетёный сундук у окна. Это подойдёт! Но мне нужно было чем-то выстелить его. Я быстро открыла ящики тумбочки и вытащила всё своё нижнее бельё и другую мягкую одежду, которая у меня была. Я выстелила внутренность сундука этой одеждой, стараясь сделать его как можно мягче и уютнее. Крышку я откинула и прислонила к оконной решётке.

К этому времени ребёнок перестал сосать и, видимо, заснул. Я осторожно сняла с неё ситцевую рубашонку. Затем я сняла с себя голубой шерстяной свитер, который был на мне, и обернула его два или три раза вокруг её тела. Когда я укладывала её в сундук, она немного похныкала, но вскоре снова умолкла. Дышала она быстро и неглубоко, и периодически вздрагивала от лихорадки.

Где я могла найти помощь? Я представила себе тёмные и пустые улицы Иерусалима, окутанные страхом и подозрением. Все двери были заперты, все окна закрыты. Не было телефона, чтобы вызвать «скорую помощь» или врача. Я была отрезана от мира в той пустой комнате с умирающим ребёнком на руках.

Мой взгляд упал на Книгу, лежащую у лампы на тумбочке – Библия. Было ли в ней что-нибудь, подходящее для моей ситуации? Она была открыта на Послании апостола Иакова. Я начала читать, и меня заинтересовали два стиха, подчёркнутые зелёным карандашом: *«Болен ли кто из вас, пусть призовёт пресвитеров Церкви, и пусть помолятся над ним, помазав его елеем во имя Господне. И молитва веры исцелит болящего, и восставит его Господь...»* Послание Иакова 5:14-15).

«Помазавши его елеем». Я медленно повторила эти слова самой себе. Ну что ж, оливковое масло у меня было. Конечно, я не была *«пресвитером»*, – но я была одна, не имея никакой посторонней помощи. Лучше уж было сделать то, что было в моих силах, чем не делать ничего!

Я открыла кладовую, где держала продукты, извлекла бутылку и подержала её напротив света. Содержимое тускло мерцало, отсвечивая не то зелёным, не то золотистым цветом. Это было чистое оливковое масло с холмов Иудеи – то же самое масло, которое на протяжении многих веков использовалось для священного помазания царей и пророков в Израиле.

Держа бутыль с маслом в левой руке, я склонилась на каменном полу возле плетёного сундука. Дыхание ребёнка становилось всё более тяжёлым. Воздух вокруг нас стал каким-то странно влажным. Я вздрогнула от холода. Передо мной, лицом к лицу, было невидимое присутствие Смерти.

Пытаясь укрепить свою веру, я повторила вслух только что прочитанные слова из Библии: *«Молитва веры исцелит болящего, и восставит его Господь!»* Слегка дрожащей рукой я вылила несколько капель масла на пальцы правой руки и поднесла их ко лбу ребёнка. «Во имя Твоё, Господь Иисус!» – прошептала я, – «Она – Твоя младшая сестричка, из Твоего собственного народа. Во имя Твоё, Господи, я прошу, чтобы Ты исцелил её!»

Через несколько мгновений я открыла глаза. Неужели это было моё воображение, или же лихорадочная дрожь стала менее интенсивной? Я положила руку на щеку ребёнка. Горячо!

Я закрыла глаза и снова стала молиться: «Господи, Ты привёл меня сюда, Ты повелел мне уехать из моей страны и приехать в Иерусалим. Господи, пусть эти люди знают, что в Твоём имени есть сила, и что Ты слышишь молитвы и отвечаешь на них».

Время остановилось. Стоя на коленях перед сундуком, я то молилась, то смотрела на ребёнка – не изменилось ли её состояние к лучшему. Казалось, что иногда её дыхание становилось легче, но её кожа всё ещё горела лихорадкой. Время от времени я замечала, как её чёрные глаза, находящиеся необычно глубоко в глазницах, печально смотрели на меня.

В конце концов, мои колени закоченели от холодного пола. Я встала и прошлась по комнате. Через пару часов я решила, что проку от моего хождения больше нет. Даже если я не смогу заснуть, благоразумнее было защитить себя от сырости, воцарившейся в комнате, забравшись в постель.

Прежде, чем погасить лампу, я поднесла её к ребёнку, чтобы посмотреть есть ли какие-то изменения. По крайней мере, на некоторое время её судороги прекратились. Но как долго это крошечное создание продержится? Наконец, я потушила лампу, забралась в постель и укуталась одеялом по самое горло.

Лёжа там, в темноте, я начала мысленно представлять себе те странные события, которые привели меня в Иерусалим. По памяти я могла представить себе карту Дании, которая висела на стене в классной комнате, где еще полгода назад я преподавала географию. Подобно острию стрелы, мыс Ютландии выдавался на север по направлению к Скейгерраку. С подветренной стороны Ютландии, на восток, приютились два острова – Фин и Съелланд, разделённые узкой полоской воды, называемой Стор-Баэльт.

На восточном берегу Стор-Баэльта и на юго-восточном углу Съелланда, находился город Корсор. Мой ум быстро восстановил все подробности. Как это было не похоже на Иерусалим! Улицы там были чистыми и ярко освещёнными. На обеих сторонах стояли ряды аккуратных кирпичных домов с крышей из красной черепицы и белыми карнизами. Я снова услышала пронзительные голоса детей, певших песню, которую все датские дети учат в школе:

В Дании я родился,
И там мой дом...

2. Сорен

Это было двумя годами раньше. Наклонные лучи северного солнца отражались в окнах классных комнат ярко-оранжевым светом. Я пожелала спокойной ночи уборщице, которой надо было закрыть железные ворота школьного двора, села на свой велосипед и поехала по знакомой петляющей дороге к центру Корсора.

Пять или шесть минут быстрой езды на велосипеде – и я попала в западную часть города, всего лишь в нескольких сотнях метров от берега Стор-Баэльта. Я оставила свой велосипед во дворе большого здания из красного кирпича и по лестнице поднялась в свою квартиру на втором этаже. Дверь была открыта, и моя служанка Вальборг стояла в дверях, вытирая руки о передник в красно-белую клетку.

– Добро пожаловать домой! – сказала она, помогая мне снять пальто с меховой отделкой.

В гостиной я с удовольствием окинула взглядом стол, готовый к ужину. Хрустальная люстра мягко освещала начищенное до блеска серебро и накрахмаленную узорчатую скатерть. Я на минуту зашла в спальню, а Вальборг зажгла свечи и поставила передо мной тарелку с горячим супом.

Пока я не спеша наслаждалась супом, Вальборг стояла возле своего стула. Проведя весь день одна в квартире, она была готова для общения.

– Вот и закончилась последняя неделя занятий в этом году, – сказала она, – а завтра танцевальный учительский вечер.

На что я ответила:

– Это напомнило мне вот о чём: завтра тебе не нужно готовить для меня ужин. Господин Вульф пригласил меня в ресторан перед танцами.

Вальборг явно заинтересовалась таким поворотом событий. Она симпатизировала Сорену Вульфу – да и я тоже. Но...

– На Рождество я поеду домой в Брондерслев, – сказала я, чтобы переменить тему разговора, – пока меня не будет, ты можешь здесь ничего не делать.

В конце еды я распалила изящную манильскую сигарку, которую Вальборг предусмотрительно положила возле моей чашки кофе. Затем я взяла чашку кофе, и пошла с ней в гостиную. Продолжая попыхивать своей сигаркой, я устроилась в глубоком кресле, которое стояло в углу, и медленно осмотрела комнату. У противоположной стены стояло красивое полированное пианино из орехового дерева, на котором слабо отражались жёлтые и бронзовые тени Уилтоновского ковра. Обои на стене позади пианино были с оттенками оливкового цвета, и, похожие на гобелен, хорошо сочетались с парчовыми шторами. С левой стороны от меня стоял высокий книжный шкаф, на полках которого чередовались книги и фигурки из Дрезденского фарфора, вазы и блюда из немецкого хрусталя.

Минуту или две я сознательно наслаждалась комфортом и элегантностью обстановки. Я спросила себя, как часто делала это и раньше: «Есть ли еще кто-то, у которого всё в жизни складывается также славно, как у меня?» В возрасте тридцати шести лет я уже достигла той цели, которую поставила перед собой, как учитель. У меня уже были дипломы по таким основным предметам, как история, география, датский и английский языки. К тому же, я стала одним из первых учителей в стране, который окончил специальный курс по домоводству с упором на последние открытия в области питания. В результате этого, меня назначили директором по домоводству в одной из новейших и самых оборудованных школ Дании. Министерство образования использовало моё отделение как образец для введения подобных отделений в других школах по всей стране.

За последние десять лет я преподавала в разных городах Дании, но больше всего меня устраивал Корсор из-за своего прекрасного расположения на берегу Стор-Баэльта, а также по причине близости к Копенгагену. У меня была хорошая зарплата, и к тому же я два года назад получила приличное наследство после смерти отца.

Сверх всего этого здесь был Сорен Вульф – учитель, который пригласил меня на следующий день в ресторан. Мы с Сореном были близкими друзьями в педагогическом колледже, разделяя многочисленные общие интересы – танцы, катание на коньках, Моцарта, Киркегаарда. После окончания мы не видели друг друга почти десять лет, преподавая в разных школах. Теперь же, как бы по мановению судьбы, мы снова оказались вместе в Корсоре. Я заметила, что за последний семестр отношение Сорена ко мне стало серьёзнее. Я знала почти наверняка, что завтра вечером он сделает мне предложение. Почему же меня пугал этот вопрос?

По своему характеру, воспитанию, убеждению, Сорен был – в первую очередь и до мозга костей– преподавателем. Вся его жизнь была сосредоточена вокруг его работы. Брак он рассматривал с точки зрения пользы для своей профессии. Поскольку я тоже была преподавателем, сочетание было идеальным. Конечно, если бы я хотела выйти замуж и иметь детей, то мне не стоило бы ждать чего-то лучшего!

Но во всём этом была какая-то обречённость, которая пугала меня. Откуда у меня была эта внутренняя сдержанность? Чего нам ещё не хватало для полноты? Этот вопрос постоянно вертелся у меня в голове, но мне так и не удалось найти на него ответ. Да я и не знала, где искать этот ответ.

В шесть часов вечера следующего дня я нанесла последние штрихи на свою причёску и немного задержалась перед зеркалом. Мои длинные светлые волосы были заплетены в четыре косы и уложены именно так, как это нравилось Сорену. Синее шёлковое платье, которое Вальборг погладила для меня, подчеркивало синеву моих глаз. Синий цвет был любимым у Сорена, и у меня тоже. У нас было так много общего.

Моя задумчивость была прервана громким стуком. Быстро накинув на себя белую меховую шляпу, я открыла дверь. Прекрасно подогнанный фрак подчёркивал атлетическую фигуру Сорена, а безукоризненно уложенные каштановые волосы приятно пахли.

— Внизу ждёт такси, — сказал он, взяв меня за руки.

В ресторане Сорен повёл меня к столику для двоих в дальнем углу.

— Я с нетерпением ожидал этого вечера две недели, — сказал он, — помнишь ли ты, что прошло ровно двенадцать лет с тех пор, как мы танцевали вместе?

Подошёл официант, чтобы взять заказ, и наш разговор перешёл на события только что закончившегося семестра. Сорен был жизнерадостен и любезен, как всегда, но я уловила напряжённую нотку в его голосе. Наконец, официант убрал со стола всё, оставив перед нами только кофе и бренди.

Сорен сделал небольшой глоток кофе, затем посмотрел мне прямо в глаза.

— Лидия, — сказал он, — сегодня я пригласил тебя на обед по особой причине — и я думаю, что ты догадываешься, что это за причина.

Он замолчал, и его зелёные глаза вопросительно смотрели на меня.

— Лидия, ты выйдешь за меня замуж?

Я почувствовала, как мои щёки залил румянец, а сердце начало стучать так громко, что мне показалось, что все в зале слышат это. Я ожидала этого момента, и, тем не менее, ответа у меня не было. Я открыла рот, думая, что же сказать.

— Благодарю тебя, — услышала я свой собственный голос, — твои слова оказывают мне большую честь, как никакие другие, которые мне приходилось слышать в свой адрес. Но...

— Но что?

— Сорен, сейчас я не свободна для этого.

— Есть кто-то другой?

— Нет, не в этом дело. Я не знаю другого человека, которого я уважала бы больше тебя.

Я пыталась объяснить, но не находила слов.

Наклонившись через стол, Сорен снова начал говорить. Его слова накатывались друг на друга. Он нарисовал картину нашего совместного будущего, чем мы могли бы заниматься вместе, когда наши карьеры соединятся, и будут дополнять друг друга. Наконец, он замолчал, ожидая моего ответа.

— Я знаю, что для тебя значит педагогическая карьера, Сорен, — начала я, — и по этой причине я очень польщена тем, что ты желаешь разделить своё будущее именно со мной. Но я боюсь, что всё может получиться совсем не так, как ты описываешь.

— Почему нет, Лидия?

— Видишь ли, Сорен, у меня нет такой как у тебя уверенности в будущем. Прежде чем посвятить себя, как ты этого просишь, я должна уладить ещё один вопрос.

— О чём ты говоришь?

— Я знаю, что это может прозвучать глупо... — Я тщетно подыскивала слова. — ...но я не перестаю спрашивать себя: может быть, жизнь — это больше, чем просто карьера, квартира, хорошая мебель и приличная пенсия в конце? Не знаю, но, когда два года назад умер мой отец, я не могла удержаться от вопроса: неужели это всё? Или же есть что-то ещё?

— Имеешь ли ты в виду нечто религиозное?

— Может быть, хотя мне не нравится само слово *религия*.

Бедный Сорен! Я видела, что он мучительно не мог уловить суть происходящего, как, впрочем, и я сама. Он сделал несколько быстрых глотков кофе.

— Прости меня за такой глупый ответ, — сказала я, — я похожа на человека, который пытается объяснить, как добраться туда, где он сам не был.

Мы оба замолчали на некоторое время, пока я пыталась придумать, как бы разрядить напряжённость. Наконец, я протянула свою руку через стол и взяла его за руку.

— Не возражаешь, если мы сейчас потанцуем, а я попытаюсь объяснить всё позже.

Когда танцы закончились, Сорен проводил меня домой, и я пригласила его на последнюю чашку кофе. Он первый вернулся к теме нашего разговора в ресторане.

– Лидия, если ты хочешь, чтобы я ходил вместе с тобой в церковь, – сказал он, – я это сделаю.

– Нет, Сорен, – ответила я, – я бы не стала просить тебя об этом. Я была добропорядочной лютеранкой всю свою жизнь, но не нашла ответов на свои вопросы. Всякий раз я выходила из церкви более растерянной и удручённой, чем когда я входила в неё, поэтому я отказалась от этого.

– Ну, тогда, – сказал Сорен, – почему бы тебе не посетить Евангельскую Миссию возле порта? Я уверен, что наша дорогая библиотекарша, мисс Сондерби, будет очень рада взять тебя с собой.

Я сразу же представила себе Кристин Сондерби такой, какой я часто видела её по дороге в Миссию. Бесформенная чёрная шляпа нависала над чёлкой седых волос и толстыми очками в роговой оправе. Из бокового кармана её объёмистой чёрной кожаной сумки выглядывала Библия и песенник – обе книги такого же чёрного цвета. От шляпы до высоко зашнурованных ботинок преобладающим цветом был чёрный. «Спасение», представителем которого была Кристин Сондерби, наверняка было достаточно унылым занятием – все его блага, какими бы они ни были, относились к жизни будущей. Нет, я искала не этого!

Несколько минут спустя Сорен собрался уходить. У двери он на мгновение обнял меня, затем развернулся и спустился по лестнице без слов.

После того, как он ушёл, я постаралась больше не думать о том, что произошло между нами, но оставшийся слабый запах его помады для волос служил напоминанием, как он был реален и тёпл, когда держал меня в своих объятиях! В сравнении с этим, мои поиски «чего-то» неизвестного, что могло бы сделать мою жизнь более полной, казались такими неопределёнными и туманными.

В десять часов утра на следующий день, я сидела в

2. Сорен   21

вагоне первого класса в составе поезда, отправлявшегося
на север в город Брондерслев, где я родилась и где всё
ещё жила моя мать. Я не спала всю ночь, и моя голова
раскалывалась. Путешествие заняло шесть часов, что было
достаточно для размышлений – даже более чем достаточно. Я постоянно возвращалась к своему вчерашнему разго-
вору с Сореном. Я всё ещё не понимала своё собственное
поведение.

Голос изнутри укорял меня: «Ты упустила свой шанс на
счастье! Ты бы могла иметь мужа и дом, и безопасность. А
теперь ты всё это упустила!»

Я перевела свой взгляд на окно, пытаясь сосредоточиться на пейзаже за окном, но голос продолжал: «А что у
тебя есть вместо брака? Ничего! Ты станешь типичной старой девой, как мисс Сондерби!»

Снова и снова я анализировала свой разговор с Сореном. По мере того, как я вспоминала всё, что сказала ему,
упрекающий голос внутри меня спросил: «Почему ты так
сказала? Ты же не имеешь этого в виду. Ты даже не знала,
что говорила».

Спустя некоторое время ритмичный стук колёс подхватил этот припев: «Почему ты это сказала? Почему ты это
сказала? Почему ты это сказала?»

Я зажгла сигарку и сделала несколько быстрых затяжек, но это не принесло облегчения, в котором я нужда-
лась. Я встала и начала ходить по коридору поезда. Но
колёса непрестанно преследовали меня: «Почему ты это
сказала?»

Очень большим усилием воли мне удалось переклю-
читься с Сорена на семейную встречу, которая предстояла
мне в Брондерслеве. Мой отец был известным архитекто-
ром и сыграл важную роль в городском строительстве. После его смерти, два года назад, мама переехала в более
просторное здание, известное как «Замок», которое мой
отец построил в центре города, всего лишь в нескольких
сотнях метров от железнодорожного вокзала. Там моя мама
занимала квартиру с четырьмя спальнями на втором этаже.

Собираться дома на Рождество было нашей семейной традицией. Моя старшая сестра Кезия должна была приехать со своим мужем Кнудом и четырьмя детьми с острова Фин. Моя вторая сестра Ингрид была замужем за офицером датской армии, и у них было большое поместье в восьмидесяти километрах от Брондеслева. Детей у них не было. Я была самой младшей в семье и до сих пор не замужем.

Приехав в Брондерслев, я сразу же заметила на платформе высокую стройную фигуру с накрахмаленной белой наколкой в волосах. Это была мамина служанка Анна.

– Добро пожаловать домой, мисс Лидия! – сказала она, забирая у меня мой чемодан, – ваша мама считала часы, оставшиеся до вашего приезда.

Большими шагами Анна направилась через главную площадь в «Замок».

Мама ждала меня в прихожей.

– Добро пожаловать домой, моя девочка! – сказала она, обнимая меня. Для неё я всегда была маленькой девочкой, хотя мне было уже за тридцать.

С тех пор, как умер отец, мама всегда носила вдовью одежду чёрного цвета, но её длинное шёлковое платье, оттенённое белым шёлковым воротничком и манжетами, было не лишено элегантности. Её светлые волосы приобрели пепельный оттенок, что прибавляло ей достоинства.

Мы пообедали вдвоём с мамой. Ей всегда было интересно услышать о моей работе в школе, и она гордилась всяким повышением, которое я получала. Скоро прибыли и мои сестры со своими семьями. Как всегда, первым делом они спрашивали: «Сделал ли тебе кто-нибудь предложение?» Но я почему-то умолчала о Сорене.

Следующий день был сочельником – временем главных Рождественских событий. После обеда мы посетили короткое служение в церкви. Мама была «доброй лютеранкой», и два раза в год она посещала церковь накануне Рождества и на Пасху.

По дороге в церковь мама начала рассказывать о новом пасторе.

– Он такой чудесный человек, – сказала она, – все его любят.

– Ты имеешь в виду, что он читает хорошие короткие проповеди!

– Ну да, это правда. Мне никогда не нравились длинные проповеди. Кроме того, он играет в вист. Он приходит навестить меня каждый вторник, и мы играем партию в карты.

В тот день пастор оправдал свою репутацию. Служение началось в три часа дня, а без четверти четыре мы снова оказались на улице. С чувством исполненного долга, мы вернулись домой. Там нас ожидала действительно важная часть Рождественских праздников: ёлка, подарки, изобилие вкусной еды и напитков.

В шесть часов мы все уселись за длинный обеденный стол в столовой. Воспоминания моего раннего детства переплетались с этими Рождественскими традициями. На минуту я вспомнила отца, как он сидел во главе стола, в жилетке с тяжёлой золотой цепью, на которой отражалось сияние Рождественских огней. Теперь его место за столом занимал старший зять – Кнуд.

Каждая часть наших праздников проходила по строго установленному порядку. Когда все усаживались за стол, Анна в синем форменном платье, которое она сберегала для особых событий, открывала двойные двери, ведущие в гостиную. В центре гостиной стояла Рождественская ёлка. Зажжённые свечи на каждой ветке освещали груду роскошных подарков, сложенных у подножия ёлки. На ветках были развешаны маленькие бумажные корзинки, в которых были конфеты, шоколад и марципан. У детей захватывало дух от удивления, когда они осматривали каждую деталь сцены.

Затем Анна зажигала длинные красные свечи в центре стола. Потом она уходила на кухню, выключая по пути электрическое освещение. Пока мы ожидали возвращения Анны, мои глаза оглядывали весь стол. Кроме пустого пространства перед Кнудом, каждый сантиметр стола был занят всевозможными яствами. В дополнение к традиционному отварному картофелю, было два блюда с особым «карамелевым» картофелем, три соусника, два блюда с красным смородиновым желе, два блюда с красной капустой, ряд марципановых поросят, разные соления. В центре было серебряное блюдо, на котором высились яблоки, апельсины, орехи, зеленый и чёрный виноград.

Через несколько минут Анна возвращалась, неся большой овальный поднос знаменитого Королевского фарфора, который она ставила перед Кнудом. На нём был огромный зажаренный гусь, ноги которого были украшены бумажными рюшами, а в груди торчали три маленьких датских флажка бело-красного цвета. Когда Кнуд начинал разрезать гуся, муж Ингрид открывал бутылку бургундского вина.

Десерт состоял из традиционной «рисовой каши». Где-то в ней был миндальный орешек. Тот, кому попадалась порция с этим орешком, получал дополнительный подарок, который заметно выделялся на фоне всех остальных подарков. Все усердно просмотрели свою порцию, и, наконец, Ингрид подняла орех под аккомпанемент разочарованных вздохов детей.

Когда огромный ужин заканчивался, мы все переходили в гостиную. Муж Ингрид занимал своё место за пианино, а мы все становились вокруг ёлки, взявшись за руки. Затем мы начинали петь традиционные датские Рождественские песни, кружа вокруг дерева в танцевальном ритме и кланяясь дереву в конце каждого куплета.

Среди всех знакомых песен была одна, которая всегда трогала меня больше остальных:

Мой Спаситель, меня заступивший,
Пусть все приветствуют Тебя!
В награду от мира Ты получил венец терновый.
Но, Господь, Ты видишь, чего хочу я –
Сплести венец из роз для Твоего креста.
Помоги мне обрести благодать и мужество для этого!

Когда мы начали петь эту песню, мои глаза вдруг наполнились слезами. Я быстро склонила голову, чтобы этого не было заметно. Что со мной случилось? Вдруг я увидела, как сижу в ресторане пытаясь объяснить Сорену, сидящему напротив, свои поиски «чего-то» неведомого, что могло бы придать цельность нашей жизни. Когда я снова подняла глаза, люди в гостиной показались странно далёкими. Это были самые близкие и дорогие мне люди, но, тем не менее, я стала далёким зрителем, наблюдая за событиями, которые потеряли для меня всякий смысл.

Как только пение закончилось, все взрослые начали курить. Мужчины зажгли сигары стандартного размера, в то время как мы с мамой и сёстрами взяли тонкие сигарки. Настоящая леди не могла позволить себе курить простые сигареты.

Кульминационным моментом вечера было открывание подарков. Старшему мальчику Кезии поручили брать подарки из-под ёлки и читать имена. Каждый подарок нужно было открыть и передать для осмотра прежде, чем прочитывалось следующее имя. Поскольку подарков было пятьдесят или шестьдесят, то последний подарок был открыт около полуночи, когда два самых маленьких ребёнка крепко спали на полу.

На следующий день после обеда я оказалась наедине с мамой в гостиной. Она сидела в своём любимом кресле-качалке и вязала свитер для одного из детей Кезии.

— Скажи мне, Лидия, — сказала она, — когда ты выйдешь замуж и остепенишься?

Кресло качалось в унисон со спицами в её руках.

— Ты же знаешь, что я не становлюсь моложе, и мне хотелось бы увидеть, как ты устроишься с мужем в своём собственном доме.

— У меня есть свой собственный дом, мама, очень красивый. Что касается замужества, то сначала мне нужно кое в чём разобраться.

— О чём ты говоришь? — спросила она совсем, как Сорен.

— Я не знаю. Но это каким-то образом связано, как мне

кажется, с ... Богом.

Удивительно, как трудно было произнести это слово!

— Я сама хочу убедиться, что Бог реален — если в жизни есть ещё какая-то цель, помимо карьеры и зарплаты.

— Именно так заговорил твой отец в последние год или два! — воскликнула мама, — он даже начал посещать какие-то собрания на ферме за городом.

— На ферме? — Трудно было представить себе отца, в его сюртуке, жилетке и брюках в тонкую полоску, сидящим в гостиной фермы.

— Да. Эти люди совсем не были похожи на тех, с кем он общался раньше. В конце концов, я послала им немного денег. Я не хотела, чтобы твой отец ходил и пил у них кофе просто так!

— Что ещё отец говорил?

— Ну, я помню, как однажды он сказал, что за деньги не купишь мира в сердце... Это было за несколько недель до его сердечного приступа. Ты же знаешь, как неожиданно он умер.

Вдруг в моей памяти всплыло всё — телеграмма, мучительная поездка по железной дороге, а потом комната, где лежало его тело. Я вспомнила первый сильный шок горя, и как постепенно это чувство сменилось таким ощущением мира, как будто рядом со мной был живой человек. Я также вспомнила выражение на лице отца, когда он там лежал — такое спокойное выражение, какого я никогда не видела у него при жизни. Конечно, он что-то нашёл в последние дни своей жизни. Но что?

— Что же тебе ещё нужно в жизни, Лидия, сверх того, что у тебя уже есть? — голос матери прервал мои воспоминания, — ты так преуспела в своей карьере, и я знаю, что все в школе очень высокого о тебе мнения. Я уверена, что тебе не хватает именно дома и детей.

— Может быть, мама... но... — Как я могла описать то внутреннее беспокойство, которое я не могла отрицать, но вместе с тем и не могла объяснить? Наконец, меня прорвало:

– Если в жизни есть что-то особенное, такое, что не сможет сделать никакая другая женщина, то именно это я бы и хотела сделать!

На лице матери появилось то же самое растерянное выражение, какое я видела у Сорена два дня тому назад. Казалось, что труднее всего мне было объясняться с теми, кого я любила больше всего. Было ли это глупостью с моей стороны – искать то, что я не могла объяснить словами даже самой себе?

3. Встреча

Я вернулась в Корсор в понедельник 3-го января 1927 года. Занятия в школе начинались через неделю. Я сказала Вальборг, чтобы она не приходила до субботы. Следующие несколько дней я хотела провести сама с собой.

На следующее утро я пошла на прогулку вдоль берега Стор-Баэльта. Холодный буйный ветер хлестал мне в лицо, но я только еще плотнее укутала горло шарфом, наклонила голову вперёд и пошла против ветра. Движение против стихии придало мне решимости. Что бы ни предстояло мне, возвращаться я не собиралась, пока не найду ответа на свой вопрос.

Когда я вернулась в свою квартиру на ланч, мне совсем не хотелось есть. Я заварила чашку крепкого кофе и зажгла сигарку. Затем я пошла в гостиную и посмотрела на полки с книгами на противоположной стене. Под моим взглядом чередовались имена авторов: *Киркегаард, Онслегер, Ибсен, Шекспир, Диккенс, Толстой, Платон…* Я читала их, цитировала, рассказывала о них, но у них не было ответа для меня. В самом правом углу на верхней полке мой взгляд упал на простую книгу в чёрном переплете.

В педагогическом колледже Библия была элементом обязательного курса по религии и истории церкви. Я читала её ровно настолько, чтобы сдать экзамены, но никогда не заходила дальше этого. Могло ли в Библии быть что-то такое, чего я не могла найти в других книгах, которые изучала с таким усердием? Я поколебалась немного, затем достала её с полки.

Усевшись в своё любимое кресло, я подержала некоторое время Библию, не открывая её, раздумывая, откуда начать. Мне показалось логичным начать с Нового Завета. Я нашла первую главу Евангелия от Матфея, быстро просмотрела родословие Христа и прочитала описание Его рождения и детства. Простота повествования Матфея резко контрастировала с изысканными Рождественскими празднованиями, в которых я недавно принимала участие.

Я прочитала описание крещения Христа, искушения и первые примеры Его публичного служения. Конечно, в этой книге была несравнимая этическая красота, которой не было ни в какой другой из прочитанных мною книг, но я не могла понять, как это относилось к моей ситуации сейчас. Когда я дошла до Нагорной Проповеди с её заповедями блаженства, я стала читать медленнее, останавливаясь на каждой заповеди, спрашивая себя, а какое это могло бы иметь отношение ко мне.

Вдруг, когда я читала четвёртую, у меня вдруг захватило дыхание: *«Блаженны алчущие и жаждущие правды, ибо они насытятся»* (Евангелие от Матфея 5:6). Алчущие и жаждущие. Может быть, именно это было то, что я испытывала, то, что не могла выразить словами? Осмелюсь ли я приложить эти слова к самой себе?

Я остановилась и на десятом стихе: *«Блаженны изгнанные за правду»*. Это было непонятно. Почему кого-то будут гнать за поиски правды?

Хотя я старалась читать медленно и вдумчиво, чтение пятой и шестой главы было похоже на блуждание по лесу. Из-за нависающих ветвей было почти не видно тропы. Однако, то тут, то там прорывался луч света, который ободрял меня. Затем, когда я добралась до седьмой главы, это было, как если бы я пришла к просеке, где на меня стали изливаться прямые лучи солнца: *«Просите, и дано будет вам; ищите, и найдёте; стучите, и отворят вам; ибо всякий просящий получает...»* (Матфея 7:7-8) *Просите... ищите... стучите...* Конечно, это было мне под силу.

Я продолжала читать, и снова свет стал ярче и чище: *«Входите тесными вратами... потому что тесны врата и узок путь, ведущие в жизнь, и немногие находят их»* (Матфея 7:13-14). Где-то впереди на пути, по которому я шла, были врата. За ними был путь, который вёл к миру и наполнению. Прежде, чем попасть на этот путь, мне надо было найти узкие врата и войти через них.

Я посмотрела на часы, висевшие на стене над пианино. Было почти четыре часы дня! С тех пор, как я начала читать, прошло почти три часа. За окном смеркалось. Я включила свет и задёрнула тяжёлые парчовые шторы на окне. Я хотела остаться наедине со своими мыслями. Я начала ходить по комнате, рассуждая о прочитанных словах: *«Просите... ищите... стучите...»*. Конечно, я искала – не один месяц. Но просила ли я? Кого мне надо было просить? Подразумевал ли Христос молитву?

В детстве меня учили проговаривать «Отче наш» каждый вечер перед сном. К двенадцати годам это стало монотонной рутиной. Помню, как однажды вечером я произнесла «Отче наш» десять раз подряд, чтобы избавиться от этого бремени на следующие девять дней. Кроме этого, я участвовала в типовых общих молитвах во время посещения церкви. Но мысль об индивидуальной и прямой молитве к Богу, словами, которых не было в молитвеннике – эта мысль была непривычной и пугающей. И, тем не менее, я не могла уйти от слов Христа – «Просите, и получите». Если Христос повелевал мне просить, то разве могла я ожидать ответа без просьбы?

Я встала перед креслом, на котором раньше сидела. Опуститься ли мне на колени? Некоторое время я колебалась. Затем я преклонила колени и склонилась над сидением, упираясь локтями о мягкую бархатную обивку. Я начала про себя: «О, Боже...». Но что-то было не так.

Нужно ли было молиться *вслух*? Мысль о том, что я услышу свой собственный голос, испугала меня. «О, Боже...», – я сказала это вслух. Звук голоса в пустой комнате был дребезжащим. Я снова сказала это: «О, Боже...». Затем в третий раз: «О, Боже, я не понимаю.... Я не понимаю, Кто такой Бог, Кто такой Иисус, Кто такой Святой Дух, но если Ты покажешь мне, что Иисус реален, я последую за Ним!»

И в такой знакомой мне комнате, со звуком часов, отдающемся в моих ушах, произошло что-то такое, к чему меня не подготовили ни мой жизненный опыт, ни моё образование. Мой ум совершенно отказывался принимать то, что видели мои глаза. Я больше не видела перед собой спинку кресла. Вместо этого надо мной стояла Личность. Ноги этой Личности были закрыты длинным белым одеянием. Я медленно подняла свой взгляд. Над своей головой я увидела две распростёртые руки, как бы благословляющие. Я подняла свой взор ещё выше и увидела лицо Того, Кто возвышался надо мной. Всё моё тело начало дрожать. Непроизвольно мои губы выговорили: «Иисус!» Но Он исчез еще до того, как я успела это произнести.

Я снова оказалась перед креслом. Я увидела две вмятины от своих локтей на зелёном бархате сидения. Действительно ли минуту назад надо мной Кто-то стоял? Или же я на короткое время оказалась в плену странной галлюцинации?

Я подняла голову и медленно осмотрела комнату. Внешне ничего не изменилось. Тем не менее, в комнате было нечто такое, чего не было минуту назад. Я вспомнила то мгновение, когда я вошла в комнату, где лежало тело отца. Сейчас я чувствовала вокруг себя точно такое же присутствие. Комната была буквально заполнена им. Оно было не только вокруг меня, но и внутри меня – глубокий, безмятежный, переполняющий мир.

Я вдруг поняла, что Бог действительно ответил на мою молитву! Он сделал именно то, о чём я Его попросила. Он показал мне Иисуса. Я видела Его одежду и Его протянутые руки. В течение одной невыразимой минуты я смотрела в Его лицо. Я поняла одно – *Христос жив – Он пребывает в полноте и сиянии славы!* Вся сумма человеческого знания побледнела до незначительности по сравнению с этим одним единственным фактом.

Вдруг молитва перестала быть усилием. Я не могла удерживать себя от благодарности. «О, благодарю Тебя! – плакала я, – благодарю Тебя!»

Мою душу переполнила радость. Её нельзя было ни сдержать, ни выразить. Я поднялась на ноги и начала ходить взад и вперёд. Каждые несколько минут меня переполняло свежее осознание того, что случилось. «Благодарю Тебя!» – вырывалось у меня снова и снова.

Я села за пианино, пытаясь как-то выразить свои чувства. Я вспомнила тот гимн, который вызвал мои слёзы накануне Рождества. Я наиграла мелодию на пианино. Затем я начала напевать слова вслух в своём собственном сопровождении:

Мой Спаситель, меня заступивший,
Пусть все приветствуют Тебя!
В награду от мира Ты получил венец терновый.
Но, Господь, Ты видишь, чего хочу я –
Сплести венец из роз для Твоего креста.
Помоги мне обрести благодать и мужество для этого!

Я пела эти слова снова и снова. С каждым разом мой голос звучал всё отчетливей и сильней. Из моих губ текла река мира в те слова, которые я пела. Время словно пропало для меня. Я, то молилась, преклонившись у кресла, то садилась за пианино и пела. Когда я снова посмотрела на часы, было десять часов вечера. Шесть часов пролетели, как шесть минут.

В конце концов, я разделась и приготовилась ко сну. Выключив свет, я спокойно лежала в постели, всё ещё повторяя слова благодарности: «О, Боже, благодарю Тебя! Благодарю Тебя!» Примерно около полуночи я погрузилась в безмятежный сон.

На следующий день, рано утром, я тепло оделась и пошла на длинную прогулку вдоль Стор-Баэльта. «Как странно! – сказала я самой себе, – всё выглядит таким свежим и чистым... Почему я не видела этого вчера?» За одну ночь самые знакомые мне предметы приобрели новую красоту. Белые пенистые гребни набегающих волн – то там, то здесь высвеченные тонкими струями солнечного света, морские чайки, кружащие над головой с пронзительными криками, щетина травы на песчаных дюнах, клонившаяся от резкого ветра – всё свидетельствовало о гениальности их Творца.

Вернувшись в квартиру, я возобновила чтение Евангелия от Матфея с того места, где я остановилась накануне вечером. Разница была ещё более поразительной, чем на берегу Стор-Баэльта. Я больше не пыталась пробраться через лес по сумеречной тропе. Я попала в полный и ясный солнечный свет. Я буквально чувствовала себя участником разворачивавшихся передо мной событий. Через всё это вырисовывалась Личность Самого Иисуса – теперь не просто историческая фигура, но живая и настоящая Личность.

В полдень я наскоро перекусила, затем отодвинула от себя тарелки и положила на стол Библию. Рядом с ней я поставила чашку кофе и только что зажжённую сигарку. Некоторое время спустя я заметила, что дым от сигарки витал над открытыми страницами Библии. Я спросила себя, а правильно ли это, что между мной и Библией был дым? Этот дым казался завесой, закрывающей от меня образ Христа.

Я подумала о том, какую роль в моей жизни играло курение. Я начала курить с тех пор, как поступила в колледж. Каждое утро Вальборг будила меня с чашкой кофе и сигаркой. Никакая еда не казалась полноценной без этой комбинации. В моменты напряжения или стресса у меня была та же самая реакция – взять и покурить. Несколько раз, когда они заканчивались, я даже заставляла Вальборг оставлять всё, чем она занималась, и идти покупать мне сигары, упрекая её за непредусмотрительность.

Я посмотрела на сигарку, лежавшую в пепельнице передо мной. Разыгралось ли моё воображение? Или же какая-то зловещая сила удерживала меня в рабстве? Я почувствовала себя, как птичка, зачарованная взглядом змеи. Я знала одно – никаким усилием воли я не могла отказаться от пристрастия к сигарам.

Неожиданно мои губы произнесли: «Боже, Ты знаешь, что я никогда не смогу отказаться от этой привычки. Но если Ты хочешь, чтобы этого не было в моей жизни, я хочу расстаться с ней!»

Где-то под диафрагмой у меня появилось чувство облегчения, как будто развязался узел. Это освобождение выразилось в глубоком длинном вздохе, который изошел из моих губ. Несколько мгновений я сидела вялая, лишенная силы. Затем я взяла всё ещё дымящуюся сигарку и начала тушить её в пепельнице, пока она не сломалась и не рассыпалась у меня в пальцах.

Когда в моих ногах вновь появилась сила, я взяла пепельницу и отнесла её на кухню, где выбросила её содержимое в мусорное ведро. На кухонном столе я заметила еще не начатую пачку сигарок и выбросила их туда же. Затем я пошла в спальню, вынула ещё одну пачку из своей сумки и избавилась от неё точно таким же образом. Наконец, я вернулась в столовую и возобновила изучение Библии.

Только в конце дня я поняла, что произошло чудо. Прошло целых десять часов, а я так и не прикоснулась к сигаре. Я даже в мыслях не думала о них. Притом, что раньше я отводила им важное место в своей жизни. А теперь они как бы перестали существовать для меня.

В течение следующих двух дней Корсор оказался во власти зимнего шторма. Но бушующая снаружи стихия только усиливала контраст с миром, который наполнял мою квартиру. Большую часть времени я проводила за чтением Библии. К вечеру пятницы я добралась до Евангелия от Иоанна. Первые стихи первой главы обратили на себя моё внимание так, как это не удавалось никаким другим словам. Я читала их снова и снова: *«Вначале было Слово, и Слово было у Бога, и Слово было Бог... В Нём была жизнь, и жизнь была свет человеков... И Слово стало плотию и обитало с нами, полное благодати и истины; и мы видели славу Его, славу, как Единородного от Отца»* (Евангелие от Иоанна 1:1,4,14). Сочетание величия и простоты этих слов превосходило любое другое произведение литературы, которое я когда-либо изучала.

Когда я уставала от чтения, я садилась за пианино, наигрывала и пела те гимны, которые я выучила в церкви, будучи ребёнком. Слова и мелодии, которые я не слышала годами, вдруг всплывали в памяти.

Время от времени меня удивляла странность всего происходящего со мной, и я спрашивала сама себя: «Не выдумываю ли я всё это? Или же это на самом деле происходит со мной?» И каждый раз в ответ на свой собственный вопрос я приводила два факта, настолько явных, что не могла отрицать их. Во-первых, постоянный мир, который наполнял моё внутреннее естество и пронизывал всё квартиру. Во-вторых, чудесное освобождение от курения. Я знала, что, вне всякого сомнения, это не было результатом ни моих собственных усилий, ни игрой моего воображения.

В субботу Вальборг принесла мне в спальню мою утреннюю чашку кофе.

– Доброе утро, мисс, – сказала она, – вот ваш кофе. Я везде искала ваши сигарки, но нигде не могла найти их.

– Я их все выбросила, – ответила я, – я бросила курить.

– Вы бросили курить? Почему? Вы болели?

– Я никогда не чувствовала себя так хорошо! Но, видишь ли, сигары мне больше не нужны. Со мной кое-что случилось.

Неуверенно я начала подбирать нужные слова. Я попыталась описать, что произошло за последние четыре дня.

В конце Вальборг помолчала некоторое время. Затем она сказала: «Я не думала, что такие вещи могут случаться с людьми и сегодня. И всё-таки я знаю, что это так и есть». Теперь и она засмущалась: «Видите ли, как только я открыла дверь в квартиру сегодня утром, я знала – что-то изменилось. Было что-то такое, чего не было раньше...»

– Вальборг, это не что-то, а Кто-то. Это Иисус! Он на самом деле жив – прямо здесь и сейчас.

Первые дни нового семестра прошли без особых событий. Я видела Сорена каждый день, когда все учителя собирались в общей комнате на чашечку кофе в перерыве, но мы только обменивались вежливыми фразами. Затем, во время окна в пятницу после обеда, я читала журнал в учительской библиотеке, когда за моей спиной раздался голос Сорена:

– Прерываю ли я поиски истины? Или мы можем присесть и поговорить?

– Я сама хотела поделиться с тобой кое-чем.

– Это очень интересно!

Сорен сел напротив меня.

Моё сердце начало биться чаще. Я знала, что объяснить Сорену будет труднее, чем Вальборг.

– Прежде всего, Сорен, я хочу сказать, что хочу извиниться за то, что так глупо ответила тебе в тот вечер. Боюсь, ты подумал, что я не оценила сказанных тобой слов.

– Тебе не нужно извиняться, Лидия. Если этот другой вопрос так важен для тебя, то ты должна найти ответ.

– Вот что я хотела рассказать тебе – понимаешь, мне кажется, я начала находить этот ответ.

– Да? Каким же образом?

Я чувствовала на себе взгляд зелёных глаз Сорена.

– На прошлой неделе я провела четыре дня в своей квартире, сама, читая Библию и молясь. И Бог ответил на мои молитвы, Сорен! Он показал мне, что Иисус жив!

– Я не понимаю.

– Иисус стоял прямо передо мной, Сорен. Я видела над собой Его протянутые руки. Это длилось всего лишь мгновение, но это изменило всё.

Сорен молча смотрел на меня некоторое время. Наконец, он нарушил молчание.

– Лидия, мы не дети, ни ты, ни я, и мы знаем друг друга достаточно долго, чтобы быть откровенными. Я вижу, что с тобой что-то случилось, но я не совсем уверен, что это помогло тебе. Не кажется ли тебе, что есть опасность впасть в излишний субъективизм?

– Но, Сорен, это было не субъективно! Это не было игрой моего воображения. Я на самом деле видела перед собой Иисуса.

– Лидия, я не хочу сказать, чтобы ты отказалась от этого мнения, но я думаю, что тебе нужно иметь правильную перспективу. Как ты сама призналась, ты на какое-то время оказалась более или менее отрезанной от мира, и ты долго читала Библию. Я уверен, что любой психиатр смог бы разумно объяснить всё, что произошло с тобой – без таких сильных эмоциональных оттенков.

Я была совершенно не готова к ответу Сорена. Его слова были похожи на сильные порывы ветра, грозившие угасить маленькую свечу веры, которая трепетала в моём сердце.

– Но, Сорен, ты не понимаешь! Если бы я только могла объяснить тебе, как чудесно иметь настоящий мир после всех этих месяцев борений и поисков.

– Как раз об этом я и говорю, Лидия! То, чему ты доверяешь – это лишь твои переживания и чувства. Но чувства изменчивы. Через месяц или два ты, возможно, увидишь всё в другом свете.

Мои мучения закончились, когда прозвенел звонок, и нам пришлось расстаться. Когда в тот вечер я ехала на велосипеде домой, я была в полном замешательстве. Я с таким нетерпением ожидала того момента, когда смогу поделиться с Сореном своей новообретённой верой, но потерпела полное фиаско. Вместо того чтобы поверить тому, что я пережила, Сорен почти заставил меня усомниться в этом. Явно, что если я хочу защитить свою маленькую свечу, то нуждаюсь в силе и мудрости, которые превосходят мои собственные.

Ставя свой велосипед под лестницей, я обратила внимание на листок бумаги с печатным текстом, застрявший в спицах заднего колеса. Я вытащила её, собираясь бросить в мусорное ведро на кухне, но в прихожей я заметила, что текст был на английском, и это заинтересовало меня.

Листок, который я держала в руке, первоначально был буклетом из четырёх страниц, но первой страницы не хватало. В конце стояло имя – Эми Семпл Макферсон. Я поняла, что темой буклета была сила молитвы. Автор рассказывала, как она попросила Бога дать ей то, что она назвала «духом молитвы», и описала последовавшие за этим результаты в своей жизни. Меня настолько поразила та часть текста, которая сохранилась, что я прочитала её полностью прямо в прихожей, даже не сняв верхней одежды. Наконец, я заметила рядом с собой Вальборг, которая ждала, чтобы помочь мне раздеться.

Когда обед закончился, и Вальборг пожелала мне спокойной ночи, я снова взялась за буклет. Там была одна мысль, которая упорно засела в моём сознании. Автор рассказывала, что однажды она провела в молитве целых сорок часов подряд. Моим первым побуждением было отказаться от этой мысли, как абсурдной. Но, тем не менее, если такое возможно, то значит, есть такое измерение молитвы, о котором я даже не мечтала – не говоря уже о том, чтобы побывать в нём. Что такое «дух молитвы»?

Наконец, я упала перед зелёным бархатным креслом, которое стало моим излюбленным местом для молитвы: «Господи, мне нужна точно такая же сила, как у этой женщины, – сказала я, – я прошу Тебя, чтобы Ты дал мне точно такой же дух молитвы, как Ты дал ей». Я ожидала какого-то немедленного, драматического ответа, но ничего не случилось. «Вот что получается, если просишь того, чего сама не понимаешь», – упрекнула я сама себя.

Однако несколько дней спустя я осознала, что мой образ жизни изменился. У меня появился голод к молитве, точно такой, какой может быть к пище. Отказываясь принимать участие в игре в карты и катании на коньках, которыми я раньше занималась очень активно, я так планировала каждый день, чтобы достичь одной единственной цели – провести, как можно больше времени в непрерывной молитве. Я попросила Вальборг приготовить самую простую еду на вечер, и с внутренним нетерпением ожидала, пока она выполнит все свои обязанности и уйдёт.

Однажды, оставшись одна, я заняла своё привычное место перед зелёным креслом. Почти всегда, как только я хотела начать молиться, меня что-то отвлекало – собака, лающая во дворе, или соседский ребёнок, разыгрывающий гаммы на пианино, и даже тиканье моих собственных часов на стене. Также внутри меня был барьер самосознания. Говорить слова про себя было недостаточно. Но когда я молилась вслух, звук моего собственного голоса казался мне странным. То я сомневалась, а достаточно ли почтительны мои слова. То они казались слишком официальными и «церковными».

На то, чтобы прорваться через этот двойной барьер – отвлекающее снаружи и тормозящее внутри – у меня уходило от пяти минут до получаса. Но как только мне удавалось преодолеть этот барьер, у меня внутри будто включался фонтан. Молитва начинала проистекать из какого-то источника внутри меня, более глубокого, чем моё сознание.

В большинстве случаев мои молитвы сосредотачивались вокруг какой-то одной темы, которая не зависела от сознательного выбора с моей стороны. Это могла быть моя семья, или мои коллеги, или мои ученики. Однажды я назвала по имени всех девочек в моём старшем классе по домоводству, представляя каждую девочку в уме. Однако мои молитвы не ограничивались теми людьми, которых я знала. Иногда я начинала молиться за людей в других странах, о которых я знала только, как о географических точках.

Если я никак не могла прорваться через первый барьер, то обращалась к книге Псалмов и начинала вслух читать из неё. Меня особенно ободряли молитвы Давида.

Псалом 41 выражал жажду моей души, которой я так долго не замечала: *«Как лань желает к потокам воды, так желает душа моя к Тебе!»* (Псалом 41:2).

Псалом 50 стал криком моей собственной души о внутренней чистоте: *«Окропи меня иссопом, и буду чист, омой меня, и буду белее снега»* (Псалтирь 50:9).

Но к одному отрывку я возвращалась снова и снова: *«Укажи мне, Господи, пути Твои, и научи меня стезям Твоим. Направь меня на истину Твою и научи меня, ибо Ты Бог спасения моего; на Тебя надеюсь всякий день»* (Псалом 24:4-5).

Двумя неделями раньше я прочитала о «тесных вратах». Затем Сам Иисус открыл врата и провёл меня через них. За ними начинался *«узкий путь»* – та особая тропа в жизни, по которой мне предстояло пройти. Подобно Давиду, мне нужна была Божья помощь, чтобы найти её.

Во второй половине января я молилась таким образом почти каждый день. Затем однажды в четверг в начале февраля, когда я всё пыталась пробиться через первоначальный барьер, в мою дверь неожиданно постучали. Быстро расправив следы от моих локтей на кресле, я подошла к двери. Ко мне пришла одна из моих коллег, Эрна Сторм. Эрна везде ездила на шумном красном мотоцикле. Поэтому ученики прозвали её «Красный Шторм».

— Я пришла спросить вас, не замените ли вы завтра утром меня на дежурстве в столовой, — объяснила Эрна, усаживаясь в зелёном бархатном кресле, — я договорилась отвести маленькую Эльзу Ларсен к врачу. У Эльзы сильное косоглазие. Ей могли бы помочь очки, но её родители не хотят, чтобы её подлечили.

— Почему же? — спросила я.

— Видимо потому, что они являются членами какой-то религиозной секты, которая верит, что Бог исцеляет по молитве, и ждут, чтобы Бог исцелил её от косоглазия. А в это время бедный ребёнок не может прочесть то, что написано на доске.

— Я никогда не слышала об этом! — воскликнула я.

— Это ещё не всё! Они верят в *огненные языки, видения* и всё такое прочее. Они называют себя *пятидесятниками.* У господина Хансена, — того, кто убирает у нас — есть племянница, которая пошла на одно из их собраний, и она говорит, что они катались по полу и лаяли, как собаки!

— Прямо здесь в Корсоре?

— Именно так! Но и это не самое худшее! Летом они берут людей на берег Стор-Баэльта – даже приличных членов церкви – и запихивают их под воду. Они называют это *крещением,* как будто их не крестили в младенческом возрасте в подобающей церковной обстановке!

Эрна откинулась на спинку кресла и осмотрела комнату.

— Вас почти не видно в последнее время, — сказала она, — кроме, как в школе. Чем вы занимаетесь по вечерам?

Вопрос Эрны застал меня врасплох.

– О, я усиленно изучаю Библию, – сказала я, – и молюсь.

– Изучаете Библию и молитесь? – Эрна с изумлением посмотрела на меня, – послушайте моего совета: не переусердствуйте в этом! А то вы закончите когда-нибудь, как мисс Сондерби – и одной такой личности, как она, более чем достаточно среди преподавателей.

После того, как Эрна ушла, я подождала, пока она завела свой мотоцикл. Затем я вернулась в гостиную и снова встала на колени. Но барьер казался ещё более непробиваемым. Внутри я всё слышала слова предупреждения Эрны: «Послушайтесь меня и не переусердствуйте!»

4. Погребение

На следующий вечер я снова встала на колени. Когда у меня не получилось преодолеть молитвенный барьер, я открыла в Библии книгу Псалмов. Однако в первый раз и это оказалось бесполезным. Я прочитала вслух два или три псалма, но мой голос звучал пусто и безжизненно, подобно звукам эха, отражающимся в пустом колодце.

В конце концов, я наугад начала читать из Нового Завета, ища те отрывки, которые могли бы обновить моё вдохновение. Мой взгляд упал на первые стихи Первого послания Иоанна, и я начала читать вслух. Я дочитала до четвёртого стиха: *«И сие пишем, чтобы радость ваша была совершенна»*.

Я перечитала последние слова два или три раза: *«Чтобы радость ваша была совершенна...»*. «Что такое радость?, – спросила я себя, – Действительно ли Бог хочет, чтобы мы радовались?». Когда я рассуждала над этим, мною овладело такое сильное чувство, что оно отразилось на моём физическом состоянии. Я ощущала, как через все части моего тела струились тёплые потоки. Если бы я не нашла какого-нибудь средства выражения этого чувства, то я не смогла бы сдержать себя. Я встала на ноги и начала расхаживать по комнатам.

На кухне я увидела метлу, стоявшую в углу комнаты. Я взяла её и начала вальсировать по квартире, держа метлу, как будто она была моим партнёром в танце. Я говорила себе, что это смешно и совершенно неуместно для того, кто хочет молиться Богу. Но я всё равно продолжала танцевать по всей квартире, пока, наконец, не упала на диван в изнеможении.

Через пять минут я пришла в себя настолько, что смогла продолжать чтение с того места, где остановилась. С трудом сдерживая свои чувства, я дочитала до конца седь-

мого стиха: «*...и Кровь Иисуса Христа, Сына Его, очища-
ет нас от всякого греха*».

Когда я прочитала эту фразу об очищении от греха, во
мне снова поднялась радость. Я уже не могла произносить
слова, которые читала. Я начала произносить их с останов-
ками, повторяя каждый слог два или три раза. Я чувствовала огромную потребность выразить что-то, находившееся
внутри меня, но, вместе с тем, у меня не было для этого
слов, к тому же, я не понимала, что мне нужно было выразить.

Я немного подождала, чтобы радость немного улеглась, и продолжила чтение. Я с трудом преодолела стих
восьмой и едва дочитала девятый стих: *«Если исповедуем
грехи наши, то Он, будучи верен и праведен, простит нам
грехи (наши) и очистит нас от всякой неправды»*. Слово
«очистит» настолько наполнило меня радостью, что я просто не могла усидеть.

Раньше я не осознавала совершённых мною грехов.
Надо сказать, что, сравнивая себя с людьми вокруг себя, я
считала себя весьма порядочным человеком. Но эти слова
пробудили во мне удивительное чувство чистоты и тягу к
ней. Я не могла представить, что можно чувствовать себя
таким чистым. Мне казалось, что всё моё естество стало
переполняться сверкающим светом. Оглядываясь на своё
прошлое, я поняла, что раньше не понимала, насколько я
нуждаюсь в Божьем прощении. В свете того, что мне сейчас открылось, у меня не было слов, чтобы выразить свою
благодарность.

Я отказалась от дальнейших попыток читать и пошла
спать. Лёжа в постели, я знала, что мне нужно молиться за
определённых людей и ситуации, но всякий раз, когда я
пыталась это делать, вместо этого я благодарила Бога за
то, что прощена и очищена от всех своих грехов. Чем
больше я благодарила Бога за это, тем сильнее становилась моя радость.

Вдруг я поняла, что внутри меня звучал голос, произно-
сивший слова на каком-то иностранном языке. «Эрна была

права, – подумала я, – ты перестаралась, а теперь ты сходишь с ума!» Я положила руку на губы, чтобы помешать этим незнакомым словам, но давление в моей грудной клетке нарастало.

Я ничего не произнесла вслух, но про себя я сказала: «Боже, если то, что происходит внутри меня, не от Тебя, пожалуйста, забери это...». Я немного подождала, но голос не исчезал. «Боже, если эти слова от Тебя, – продолжала я, – помоги мне не бояться! Помоги мне принять их!» Я убрала руку с губ. Сразу же те слова, которые я слышала внутри своей грудной клетки, начали выходить из моих губ, и я поняла, что я сама произносила их. С трудом верилось, что я слышала свой собственный голос. На каком языке я говорила? Я неплохо владела как английским, так и немецким, но это был ни тот, ни другой язык. Как это я могла так чётко произносить слова, которых раньше не слышала? Тем не менее, в них была некая ритмическая красота, которая напоминала поэзию.

По мере того, как я говорила на этом новом языке, давление внутри меня начало спадать. Эти слова на незнакомом языке выражали вместо меня, что я тщетно пыталась изъяснить на своём родном языке. Чем дольше я говорила эти слова, тем глубже становилось чувство освобождения и удовлетворения. Подобно реке во время наводнения, несущей разные обломки, так эти незнакомые слова прорывали и смывали последние барьеры страха и самосознания.

Наконец, языковой поток прекратился, и наступило глубокое спокойствие. Никогда раньше я не испытывала такого полного расслабления. Мой ум и моё тело полностью успокоились. Мои глаза были закрыты, но при этом, я не спала. Спустя какое-то время – не могу сказать какое точно – я вдруг услышала новый звук. Он шёл откуда-то спереди, но издалека. Я открыла глаза и села на край кровати, чтобы посмотреть, откуда доносился этот звук. И в следующую минуту у меня перехватило дыхание...

Комната больше не была тёмной, а стена спальни передо мной исчезла! Я смотрела на пространство, где раньше была стена, на участок площадью примерно пять с половиной квадратных метров, который был вершиной огромной, неровной скалы. Все щели и впадины на поверхности скалы были отчетливо видны из-за контраста света и тени от полной луны, которая низко нависла над землей. Но мой взгляд был сосредоточен на женщине, которая стояла в центре и раскачивалась в движениях медленного, выразительного танца и пела высоким ясным голосом. На ней было длинное вышитое платье, собранное на бёдрах шарфом. На голове у неё был глиняный кувшин. Руки она держала на бёдрах. Её ноги были босыми. Вокруг женщины, скрестив ноги, сидели мужчины, хлопая в такт её песне. На них были какие-то длинные туники, а на головах белые шарфы, закреплённые шнурами, которые блестели в лунном свете, как золото.

К собственному удивлению, мне совсем не было страшно. Это был не сон – я знала это. Я не спала, и я действительно была «там». Я никогда не видела подобной сцены, ни слышала о ней. Тем не менее, она не была для меня чужой. Я была частью той сцены, я была «своя» там. Я попыталась понять слова, которые женщина пела, но не смогла. Ритм её танца привлекал меня, потому что я сама любила танцевать. Мне захотелось войти в круг и танцевать вместе с ней.

Вдруг всё исчезло. Моя комната снова стала тёмной. Когда мои глаза привыкли к перемене, я снова стала различать знакомые очертания моей тумбочки, стоявшей на обычном месте возле стены. Сначала я испытала разочарование. Я хотела больше узнать об этих людях, которые сидели на освещенной луной скале. Кто они были? Какой они были национальности? Почему я чувствовала себя такой близкой к ним?

Я путешествовала по Скандинавии и Западной Европе, но никогда не видела таких людей. Не могла я припомнить, чтобы читала о них в истории или географии. Они явно не были европейцами, но это не был ни Восток, ни Африка. Я до сих пор слышала высокое и выразительное пение женщины, но мелодия её песни не была похожа ни на какой музыкальный размер.

«Это определённо была самая странная ночь в моей жизни, – сказала я сама себе, – мне следовало бы испугаться, но тем не менее я никогда не испытывала большего мира».

На следующее утро, как обычно, Вальборг постучала в дверь моей спальни с первой чашкой кофе. Я собиралась сказать: «Входи», но с ужасом осознала, что произнесла что-то не по-датски. Дверь открылась, и вошла Вальборг с кофе в руках.

– Что вы сказали, мисс? – спросила она.

Усилием воли я в уме сформулировала ответ по-датски прежде, чем заговорить.

– Вальборг, вчера вечером со мной произошла очень странная вещь.

Я внимательно слушала свои собственные слова и с облегчением поняла, что я снова говорила по-датски. Пытаясь подобрать правильные слова, я описала, что случилось со мной, напоследок попросив Вальборг не говорить никому об этом.

Снова оставшись одна, я откинулась с облегчением на подушку – я всё также могла говорить по-датски, когда хотела! Но вдруг мне пришла в голову другая мысль – может быть, я больше не смогу говорить на том незнакомом языке?

– Пожалуйста, Боже, – сказала я, – позволь мне заговорить на том другом языке! Это было так чудесно. Я не хочу потерять его.

На мгновение в моём горле застрял комочек страха. Затем изнутри поднялась такая радость, что страх растаял. Спокойно, но очень чётко, я начала снова говорить на незнакомом языке.

В течение дня, я сделала ещё одно открытие – на этом новом языке необязательно было говорить вслух. Я могла с одинаковым успехом говорить на нём про себя. Это давало мне свободу делать это всякий раз, когда мне этого хотелось, не заботясь о том, что может подумать Вальборг. В моей жизни как бы появилось новое измерение. Мне больше не обязательно было прекращать все дела, чтобы помолиться. Я могла делать свои обычные дела – готовиться к занятиям или исправлять работы учеников, и, вместе с тем, одновременно молиться на незнакомом языке.

Когда наступил вечер и Вальборг ушла домой, я направилась к своему молитвенному креслу с большим нетерпением, чем обычно. Теперь естественным было начинать с молитвы на незнакомом языке. После паузы, я начала вспоминать разных людей, и я поняла, что молюсь за них без всяких усилий по-датски. Затем я поняла, что случилось – больше не было прежней борьбы по преодолению молитвенного барьера! Новый вид молитвы на незнакомом языке перенёс меня через это препятствие без всяких усилий!

На следующей неделе, возвращаясь днём из школы, я вдруг остановилась возле книжного магазина и купила себе узкое карманное издание Нового Завета. «Теперь я всегда буду носить это с собой», – сказала я себе, когда положила его в сумку. Моё новое переживание усилило моё желание самостоятельно изучать Писание.

Как-то вечером за ужином на той же неделе, я заметила, что у Вальборг что-то было на уме.

– Помните, что вы сказали мне однажды утром, мисс, – сказала она, – о молитве и говорении на языке, которого вы не понимаете?

– Так что же, Вальборг?

– Ну, так вот, в Корсоре есть люди, которые делают то же самое. Они называют это «говорением на иных языках». Моя невестка ходила на одно из их собраний.

Я не донесла ложку до рта. Вот так новости!

– Мне кажется, их называют *пятидесятниками*, – продолжала Вальборг, – или что-то вроде этого. Они не ходят в церковь, а встречаются в доме одного человека. Его фамилия Расмуссен. Он раньше был сапожником, но теперь он пастор.

Пятидесятники! Моё сердце упало. Я очень ясно помни-

ла предупреждение Эрны Сторм: «Они катаются по полу и
лают, как собаки. Они выводят людей на берег Стор-Баэльта
и запихивают их под воду». Я внутренне содрогнулась от
этой мысли. Но вместе с тем мне срочно нужно было найти
того, кто помог бы мне разобраться во всём, что происходило со мной.

Подавляя внутреннюю сдержанность, я попросила
Вальборг договориться о моей встрече с господином Расмуссеном: «Если возможно, наедине, чтобы не идти на эти
собрания». Через пару дней, Вальборг сообщила, что Расмуссены пригласили нас на чашечку кофе в следующую
субботу вечером.

После ужина в субботу мы с Вальборг сели на свои ве-
лосипеды и отправились к Расмуссенам. Мы проехали через центр города, пересекли железнодорожные пути и
попали в район узких улиц с рядами домов с обеих сторон.
Наконец, мы свернули в узкий тупик и остановились у последнего дома слева. В ответ на наш стук к двери подошёл
невысокий приземистый мужчина в рубашке без пиджака.

— Я пастор Расмуссен, — сказал он, протягивая руку с
мозолями от многолетней работы за станком, — добро пожаловать в наш дом!

Когда его рука прикоснулась к моей, теплота его добро-
желательности застала меня врасплох и, прежде чем я
осознала, я сказала несколько слов на незнакомом языке.
Сразу же его лицо расплылось в улыбке, и его пожатие стало крепче.

— Входите же! — сказал он, — мы всё это понимаем! Эстер будет рада познакомиться с вами.

Не успели мы с Вальборг засмущаться, как уже мы сидели рядом на диване Расмуссенов. Пастор сидел на стуле
возле камина, в то время как его жена слегка раскачивалась в деревянном кресле-качалке. Мебель у них была старая и потёртая, но всё было безупречно чистым.

— Итак, Бог крестил вас Святым Духом, — подвёл итоги
пастор Расмуссен, — как это случилось?

— Так вот что это такое! Я знала, что со мной что-то случилось, но не знала, как это называется. – И я описала своё переживание с незнакомым языком две недели тому назад.

– Слава Богу! – воскликнула г-жа Расмуссен, – Бог действительно начинает изливать Свой Дух здесь в Корсоре.

– Вы имеете в виду, что и у других людей в Корсоре было точно такое же переживание?

– О, да! Около двадцати человек собираются в нашем доме каждое воскресение и вместе изучают Библию, – сказал пастор Расмуссен. Он взял с полки камина потёртую Библию в кожаном переплёте.

– Видите ли, то же самое, что случилось с вами, описано здесь... Вот здесь в книге Деяний.

Он показал пальцем на страницу: *«И исполнились все Духа Святого, и начали говорить на иных языках, как Дух давал им провещевать»* (Деяния 2:4).

– Вы полагаете, что со мной произошло именно это?

– Конечно, – ответил пастор, – Бог исполнил вас Своим Святым Духом и дал вам новый язык для молитвы и поклонения.

– Новый язык? Но зачем мне нужен ещё какой-то язык, помимо датского?

Пастор Расмуссен начал снова перелистывать страницы Библии: «Павел объясняет это в Первом послании к Коринфянам главе четырнадцатой... Здесь, в самом начале, он говорит, что когда кто-то говорит на незнакомом языке, он говорит тайны – такие вещи, которые недоступны пониманию умом. А чуть-чуть дальше, он говорит, что когда мы молимся на незнакомом языке, то молится не наш ум, но дух» (1-ое послание к Коринфянам 14:2,14).

– Пастор, вы хотите сказать, что во мне есть что-то более глубокое, чем ум – нечто, нуждающееся в прямом общении с Богом, то, что преодолевает ограниченность моего ума?

– Да, именно так, сестра Кристенсен, именно так!

Пастор Расмуссен возбуждённо ударил Библией по колену.

– Ваш дух, а не ум, был сотворён для непосредственного и прямого общения с Богом, и он не может удовлетвориться чем-то меньшим.

Некоторое время энтузиазм пастора беспокоил меня. Кроме того, никто ещё не обращался ко мне сестра! Но, раздумывая о своей прошлой жизни, я начала понимать правоту его слов. Много лет я насыщала свой ум учёбой и путешествиями, литературой, искусством и философией, и, всё-таки, всегда чего-то не хватало, какая-то часть моего существа никогда не получала удовлетворения. Был ли это мой дух, как сказал пастор? А эта странная новая радость, которая постоянно журчала внутри меня? Исходило ли это из моего духа или же из моего ума?

Г-жа Расмуссен принесла кофе из кухни, пока её муж продолжал своё объяснение: «Вот ещё один стих, который объясняет, что Бог делает сегодня: *«И будет в последние дни, говорит Бог, излию от Духа Моего на всякую плоть, и будут пророчествовать сыны ваши и дочери ваши; и юноши ваши будут видеть видения...»* (Деяния 2:17)

– Видения! – воскликнула я непроизвольно. Я вспомнила женщину, танцующую на скале. – Мне кажется, что именно это...

Я остановилась. Я и так слишком много рассказала этим людям о себе!

К счастью, пастор Расмуссен, кажется, не заметил моего восклицания. В течение следующих двух часов он продолжал перелистывать страницы своей Библии, переходя от Нового Завета к Ветхому, и снова возвращаясь к Новому. Он обращался со всей Библией так, как если бы это было издание свежих новостей. Он объяснял такие вещи, которые даже и не упоминались в церкви, когда я там была. Я удивлялась, как это сапожник мог так много знать о Библии.

На следующее утро, читая воскресную газету, я увидела в разделе о церкви статью под заголовком «Кто Такой Святой Дух?» Её автор Йоханнес Неергаард, известный своей учёностью, был пастором лютеранской церкви в Копенгагене. Я тут же села и написала ему письмо, прося о личной встрече. К моему удивлению, я получила ответ письмом с обратным уведомлением, что мне назначалась встреча на два часа дня в следующую пятницу, 25-го февраля.

В пятницу я села на поезд в Копенгаген, который провез меня около ста километров. Выйдя на вокзале, я взяла такси и поехала прямо в церковь. Секретарь провела меня в кабинет пастора Неергаарда. Пастор был довольно-таки плотным человеком лет под шестьдесят. Его официальный чёрный костюм осветлялся белым священническим воротничком и серебряными седыми волосами. Две стены его кабинета были уставлены полками с книгами от пола до потолка.

– Пастор, – начала я, – со мной случилось что-то непонятное.

– Что же случилось с вами, маленькая мисс?

Он явно дал мне гораздо меньше лет, чем мне было на самом деле. В его голосе звучала отцовская забота.

– Вы попали в беду?

– О, нет, – быстро ответила я, – это не то, что вы думаете. Видите ли, однажды вечером я молилась в постели и почувствовала такую чудесную радость. А затем, ну, внутри меня появился этот другой голос, и я начала говорить слова, которые не понимала, всё ещё молясь Богу, но не понимая, что говорю.

Я остановилась и с волнением подождала реакции пастора. К моему удивлению, он совсем не растерялся.

– А, теперь я понимаю вас, – сказал он, – мне кажется, что вы приняли крещение Святым Духом. Но этого не надо бояться. Мы с женой пережили то же самое. Конечно, это непонятно для добрых старых членов нашей церкви, поэтому нам нужно быть осторожными в выражениях на публичных служениях.

Я с облегчением вздохнула. Пастор Неергаард говорил то же самое, что и пастор Расмуссен. Но мне было гораздо легче соотнести себя с пастором Неергаардом. Его происхождение соответствовало моему собственному. В конце концов, мне не нужно было чувствовать себя изолированной или эксцентричной.

— Однако, маленькая мисс, — продолжил пастор Расмуссен, — я хочу предупредить вас, — он указал на меня пальцем по-отцовски, — будьте очень осторожны со всеми этими *водными процедурами*.

Некоторое время я не могла понять, что он имеет в виду. Затем я вспомнила слова Эрны Сторм: «Они приводят людей на берег Стор-Баэльта».

— *Водные процедуры*, пастор? — сказала я, — Вы имеете в виду *водное крещение*?

— Не *крещение*, мисс, но *перекрещивание*, — пастор особо подчеркнул «пере», — есть определённые группы: раскольники, как вы понимаете, которые берут действительных членов лютеранской церкви и заставляют их погружаться в воду. Как будто одного крещения недостаточно!

В этот момент со мной случилось нечто неожиданное. Без всякого усилия с моей стороны, я вспомнила слова из Писания, которые я читала последние два месяца – фразы, предложения, целые отрывки, которые относились к крещению, хотя я не делала сознательных усилий, чтобы изучить их, не говоря уже о том, чтобы запомнить.

— Но, пастор, разве в Новом Завете не сказано, что все крестившиеся сходили в воду? — спросила я, — Почему же тогда людям брызгают на лоб несколько капель воды?

— Вы говорите о первом веке, — ответил пастор Неергаард, — но с тех пор прошло восемнадцать столетий...

И он начал объяснять разные понимания этого вопроса на протяжении веков, объясняя, как всё это воплотилось в традиции церкви.

— Должны ли мы отказаться сейчас от мудрости и опыта восемнадцати веков? — завершил он.

— Но, пастор, предположим, что наши традиции не согласуются с Писанием? Разве не говорил Иисус религиозным руководителям Своего времени, что своими традициями они упразднили Слово Божие? Именно Он сказал: *«Кто будет веровать и креститься, спасён будет...»* (Евангелие от Марка 16:16). Не означает ли это, что сначала мы должны уверовать, а затем креститься?

Я сама удивилась своей смелости, а также заметила, что пастор Неергаард начал нервничать.

– Молодая леди, – сказал он, – для всех лютеран этот вопрос решён раз и навсегда. Ваше крещение в младенческом возрасте имеет силу благодаря вере ваших родителей, а во время конфирмации вы подтвердили его вашей собственной верой.

Вера моих родителей? Моя собственная вера? Я, конечно, не могла спорить с выдающимся богословом, но его слова вызвали целую серию вопросов в моём уме. Сколько веры было у моих родителей, когда я крестилась? Если это зависело от их веры, то мне важно было знать это. Что более ещё важнее: сколько веры было у меня, когда я проходила конфирмацию? Я сделала это лишь только для того, чтобы сделать приятное своей семье и церкви. Разве я когда-нибудь знала, что такое настоящая вера, кроме как на протяжении последних нескольких недель?

Наконец, пастор провёл меня до ступеней церкви и там дал мне свой последний совет: «Позвольте мне посоветовать вам, не торопиться со словами и поступками. Вне всякого сомнения, у многих членов нашей церкви нет должной веры, но мы должны быть терпеливы и верить, что постепенно им откроется больше истины. В конце концов, Рим не за один день строился!»

Сидя в поезде, возвращавшемся в Корсор, одна в купе первого класса, я начала упрекать себя. Разве я не была высокомерной, даже непочтительной, усомнившись в традициях церкви? Кто я такая, чтобы так поступать? В конце концов, пастор Неергаард был признанным богословом. Я поражалась сама себе от тех доводов, которые я выдвигала. Откуда они взялись? Я никогда не разговаривала так за всю свою жизнь.

И, тем не менее, меня искренне удивляла логика моих

доводов. На заданные мною вопросы нужно было найти ответы, и если пастор не дал мне их, то тогда это должна была сделать я сама. Что на самом деле говорится в Новом Завете о крещении? Я вспомнила слова Павла, которые произвели на меня глубокое впечатление несколько дней тому назад. Вытащив свой карманный Новый Завет, я листала страницы, пока не нашла те стихи, которые искала: *«Мы умерли для греха: как же нам жить в нём? Неужели не знаете, что все мы, крестившиеся во Христа Иисуса, в смерть Его крестились? Итак мы погреблись с Ним крещением в смерть, дабы, как Христос воскрес из мёртвых славою Отца, так и нам ходить в обновлённой жизни»* (Послание к Римлянам 6:2-4).

Я перечитала эти стихи несколько раз. Подчёркивались три события – смерть, погребение, воскресение – три последовательных шага в нашем отождествлении с Христом. Я начала измерять свой собственный опыт этим стандартом. Я оглянулась на ту жизнь, которой я жила до последних нескольких недель. Можно ли было назвать что-то в той жизни действительно «смертью для греха» с последующими погребением и воскресением? Никакие усилия воображения не могли помочь мне применить эти слова к тому, что происходило со мной в детском или подростковом возрасте, или позже, во взрослой жизни.

Логика неумолимо подводила меня к выводу, который я не очень хотела принять. Крещение было погребением старой жизни и воскресением к новому образу жизни. Это я понимала. Точно также я понимала, что я никогда не переживала такого погребения и воскресения. Следовательно – что? Возможен был только один вывод: я никогда не крестилась.

Я медленно повторила сама себе слова Иисуса, которые я процитировала пастору Неергаарду: *«Кто будет веровать и креститься, спасён будет»*. Я совершенно точно знала, что теперь я верила. Что же оставалось ещё, кроме как креститься? В своей квартире в тот день, когда мне явился Иисус, я пообещала Богу: «Если Ты покажешь мне, что Иисус жив, я последую за Ним». Бог ответил на мою молитву. Я не осмеливалась нарушить своё обещание.

К кому же мне нужно было обратиться с вопросом крещения? Я знала только одного человека – пастора Расмуссена. Ну, а если об этом узнают жители Корсора? В таком маленьком, полном сплетен окружении новости распространялись мгновенно. А последствия не трудно было себе представить.

Дания, возможно, была самой тотально лютеранской страной в мире. Лютеранская церковь была государственной. Из четырех миллионов датчан более 90 процентов были её членами. В вопросах религии школа, в которой я преподавала, подобно всем государственным школам, находилась под юрисдикцией церкви. Как церковные власти отреагируют на то, что преподаватель принимает крещение от пастора-пятидесятника?

А как насчёт моих коллег учителей? В таком городке, как Корсор, мы, учителя, были небольшой, привилегированной группой, на которую с уважением смотрели все остальные жители. Моя связь – даже просто посредством принятия крещения – с презираемыми пятидесятниками рассматривалась бы моими коллегами, как предательство общественных и интеллектуальных стандартов нашей профессии. Я уже знала, как отреагировала бы Эрна Сторм. А как насчёт Сорена? А другие мои коллеги, чьим уважением и дружбой я дорожила?

Что же мне было делать? В молитве про себя я выдохнула слова, которые я читала так часто в последнее время: *«Научи меня стезям Твоим»* (Псалом 24:4). Затем я выглянула из окна. Поезд приближался к Корсору. К тому моменту, когда он остановился, я уже приняла решение: «Я пойду прямо к пастору Расмуссену и попрошу его крестить меня».

Я села на свой велосипед на вокзальной стоянке и направилась прямо к дому Расмуссенов. По дороге меня не оставляли страхи: «Ты потеряешь Сорена. Ты потеряешь работу. Ты выбросишь всё, над чем ты трудилась все эти годы».

Вдруг ко мне пришли слова из неожиданного источника – одного из учебников по истории, которым мы пользовались в школе. По иронии судьбы, это были слова самого Лютера, когда он отвечал на религиозном суде, инсценированном против него: «Вот я стою, неся ответственность перед своей совестью. Я не могу поступить иначе!» И для меня тоже наступил такой момент, когда я должна была отвечать перед своей собственной совестью.

Расмуссены были явно удивлены, когда увидели меня, но они тепло приветствовали меня.

– Пастор Расмуссен, – сказала я, – я хочу креститься – действительно креститься. Не сделаете ли вы это для меня?

– Ну, – сказал он, – мы строим новое собрание с баптистерием, и как только оно будет готово, мы планируем проведение служения с крещением. Мы можем внести вас в список крещаемых.

– Но на то время у меня может не быть смелости, – сказала я ему, – чем дольше я буду ждать, тем труднее это будет.

Пастор Расмуссен задумчиво потёр подбородок.

– Летом мы иногда крестим людей в Стор-Баэльте, но сейчас это невозможно.

Он замолчал, а потом повернулся к жене:

– Эстер, мы не могли бы одолжить ванну и поставить её на кухне?

– Почему бы и нет? – ответила г-жа Расмуссен, – я уверена, г-жа Свенсен разрешит нам воспользоваться своей ванной.

– Вас это устроит? – пастор Расмуссен повернулся ко мне, – вы не возражаете, чтобы креститься на нашей кухне, в ванной?

– Мне всё равно, как вы будете это делать, – ответила я, – лишь бы моя старая жизнь действительно была погребена!

– Давайте подумаем, – продолжил пастор Расмуссен, –

сегодня пятница. Приходите завтра вечером часов в шесть, а мы приготовим для вас ванну в кухне.

На следующий день я, как и было договорено, появилась в доме Расмуссенов. Г-жа Расмуссен помогла мне облачиться в длинную белую ночную рубашку и повела меня на кухню. В центре на каменном полу стояла большая цинковая ванна с водой. «Мы немного нагрели воду для вас», – успокоила она меня.

Для засвидетельствования церемонии было приглашено несколько жён местных рыбаков. С ужасом я узнала в одной из них мать одного из своих учеников. До того момента я тайно надеялась, что мой поступок не станет известным никому. Теперь я знала, что через несколько дней это будет известно всей школе, как учителям, так и ученикам.

Я запомнила все детали той сцены. Пустые полки и столы были безупречно чисты, но истёрты от многолетнего использования. Над плитой, на которой тихо шумел чайник, висели две большие чёрные сковородки. Единственным украшением была деревянная доска для резки хлеба. На ней были слова: *«Хлеб наш насущный даруй нам на сей день»*.

Мои ноги немели от холода голого каменного пола. Трудно было бы себе представить сцену, более резко контрастирующую со всем, к чему я привыкла. Только Бог мог сделать разрыв столь полным. Этим одним символическим актом я порывала со всем своим прошлым – общественным, культурным, интеллектуальным и религиозным.

Ещё раз я взвесила все последствия того поступка, который я хотела совершить. Действительно ли я готова поступиться хорошим отношением ко мне всех, кого я знала всю свою жизнь, чтобы с того момента стать чужаком в моём собственном народе навсегда? И, тем не менее, именно этого я и просила – «быть погребённой». Как много из своего прошлого можно было взять в могилу? Только сейчас я поняла, что такое похороны.

Сама церемония была короткой и простой. Мы стояли вокруг ванны, напротив друг друга. Пастор Расмуссен прочитал слова Иисуса: *«Если кто хочет идти за Мною, от-*

вергнись себя и возьми крест свой, и следуй за Мною, ибо кто хочет душу свою сберечь, тот потеряет её, а кто потеряет душу свою ради Меня, тот обретёт её» (Евангелие от Матфея 16:24-25).

Закрыв Библию, пастор Расмуссен предложил помолиться, но мой ум не следил за его молитвой. Меня поразили слова Иисуса, которые он только что прочёл: *«Кто потеряет душу свою, тот обретёт её».* Я поняла, что моё крещение в тот вечер стало началом этого обмена. Я теряла свою жизнь, такою, какой я знала её до сих пор. Взамен мне предлагалась другая жизнь, которую мне предстояло найти и обрести.

Когда пастор Расмуссен закончил молитву, я уселась в ванной. «По вашей вере, – услышала я его голос, – я крещу вас в смерть и воскресение Христа. Во имя Отца и Сына и Святого Духа, аминь!» Затем он мягко, но уверенно окунул меня в воду, наклонив назад, подержал меня под водой секунду, а затем поднял.

Сидя в ванной, со стекающей по моему лицу водой, я уже не осознавала, где нахожусь. Важно было только одно – мои страхи и мучения прекратились! Вместо них моё сердце заполнилось глубоким, непоколебимым миром. Так Сам Бог засвидетельствовал Своё одобрение моему поступку. В предстоящие дни я могла держаться этой уверенности: «Я сделала то, что Бог потребовал от меня».

5. Слова доктора Карлссона

К середине следующей недели новость о моём крещении облетела всю школу. Ученики отреагировали более открыто и спонтанно, чем учителя. В школьном дворе меня приветствовали резкие крики: «Аллилуйя!» Приближаясь к своей классной комнате, я слышала оживлённые голоса. Когда же я заходила, наступала неестественная тишина, которую нарушали только немногие сдавленные смешки. Однажды я обнаружила буквы А-Л-Л-И-Л-У-Й-Я, написанные на всю ширину доски нетвердым детским почерком.

Поведение моих коллег учителей было не столь явным, но ранило больше. Я скоро поняла, что они не хотели, чтобы их видели вместе со мной на школьном дворе. Они либо торопились пройти впереди меня, притворяясь, что не замечают меня, или же находили какой-то повод подождать, или же шли в другом направлении, пока я пересекала двор. Когда я входила в учительскую, внезапно наступала тишина. Потом кто-то начинал громко говорить на банальные темы.

Однажды днём, после моего последнего урока, я увидела Сорена, ожидавшего меня в коридоре.

– Не уделишь ли мне минуту?», – спросил он.

– Конечно, – ответила я, – мы давно не говорили друг с другом. – Мы медленно пошли по направлению к школьному двору.

– Не возражаешь, если я задам тебе несколько откровенных вопросов? – Сорен помолчал и, увидев, что я не возражала, продолжил, – Это относительно..., – он заколебался, затем с усилием произнёс слово, – *крещения*, это имеет отношение к твоим поискам истины?

– Думаю, что это можно назвать и так. Видишь ли, когда ты ищешь истину и веришь, что нашёл её – ну, тогда ты принимаешь вызов послушания этой истине!

— Найти истину? Разве не провозглашала то же самое каждая религиозная группа? — и когда я не ответила, — Ты знаешь, что Эрна Сторм собирает подписи под петицией о твоём увольнении с должности преподавателя?

Мы подошли к краю школьного двора. Я немного задержалась, позволяя Сорену пройти впереди меня. К его чести, он, однако, был согласен пройти сквозь строй вместе со мной. Когда мы были на полпути, раздались обычные крики: «Аллилуйя!»

— Разве тебе это безразлично? — спросил Сорен.

— Не могу сказать, что мне это очень нравится, — ответила я, — но это небольшая цена за то, что я нашла.

— Лидия, что это?

— Счастье, Сорен, настоящее счастье глубоко внутри меня, — невзирая на то, что говорят или делают люди. Я чувствую себя, как тот купец в Христовой притче, который нашёл такую драгоценную жемчужину, что продал всё, лишь бы приобрести её. («Может быть, даже наши шансы совместного счастья», — прибавила я про себя, когда мой взгляд встретился с озабоченным и вопросительным взглядом Сорена.)

Я продолжала ждать официальной реакции со стороны церковных властей. На это не потребовалось много времени. 9-го марта меня вызвали к лютеранскому пастору, который отвечал за все религиозные вопросы в школе. Он попросил меня объяснить своё крещение, что я и попыталась сделать, как только могла.

Оттуда моё дело затребовали в более высокую инстанцию — к настоятелю. В своё время меня вызвали к настоятелю в близлежащем городе Слагелзе, где снова от меня потребовали объяснить своё поведение.

Настоятель явно рассматривал меня как одну из своих заблудших овец. «Почему вы не пришли ко мне в первую очередь, — спросил он, — прежде чем совершить этот поступок?»

— Настоятель, — ответила я, — я много лет посещала

церковь, но всегда выходила со служений, чувствуя себя ещё более смущенной и сбитой с толку, чем приходила на них. В конце концов, я поняла, что мне надо обратиться к Самому Богу.

– Каждое поколение утверждает, что имеет монополию на истину, – вздохнул настоятель, – я не удивлюсь, если вы думаете, что у вас есть миссионерское призвание. Я и сам так думал, когда был в вашем возрасте.

– Но, настоятель, может быть, у вас на самом деле было...

Я замолчала от выражения в глазах настоятеля. Был ли это гнев? Или печаль? Запрет – или мольба? Так или иначе, я знала, что сказала лишнее.

Несколько дней я не могла забыть это выражение глаз настоятеля. Вот преуспевающий в своей профессии человек, которого все уважают, сознательно служащий Богу и своим соотечественникам. И, тем не менее, его озабоченный взгляд напомнил мне Сорена. Было ли в жизни нечто такое, чего не нашёл даже настоятель – то самое, что было самым важным? Почему он заговорил о миссионерском призвании? Я не поняла, что это значило, но эта фраза не оставляла меня.

Тем временем о моём случае стали писать в газетах, как в местных, так и центральных. Однажды вернувшись со школы, я нашла на своём столе экземпляр газеты «Утро», самой читаемой в Дании.

– Я принесла вам эту газету, мисс, – сказала Вальборг, – там внутри есть статья о вас, прямо на центральной странице.

И, конечно, на всё ширину страницы был заголовок: *«МОЖЕТ ЛИ ГОВОРЯЩАЯ НА ЯЗЫКАХ ПРЕПОДАВАТЕЛЬНИЦА ОСТАВАТЬСЯ В ГОСУДАРСТВЕННОЙ ШКОЛЕ?»* Автор статьи делал главный упор на моих отношениях с пятидесятниками, которых он отвергал как «новомодную секту, не имеющую никакого образования или богословия». Однако его отношение к моему случаю нельзя было бы назвать совсем недоброжелательным. Он поднимал вопрос, насколько лютеранская церковь могла оказывать влияние на личные религиозные убеждения преподавателей государственных школ.

– Наверное, это ужасно, – сказала Вальборг, – знать, что о тебе так говорят по всей стране.

– В каком-то смысле, это так, Вальборг, – ответила я, – но это помогло мне понять стих, который удивил меня, когда я впервые прочитала его: *«Блаженны изгнанные за правду».* Тогда я не понимала, кого могут изгонять за поиск правды и как можно блаженствовать в таком состоянии. Но среди всей этой критики и вражды я испытываю радость и мир, как никогда раньше.

После этого, всякий раз, когда обо мне упоминалось в газете, Вальборг приносила мне один экземпляр и внимательно наблюдала за моей реакцией. На протяжении последующих нескольких недель мой случай подробно обсуждался в прессе. Выдающиеся личности в стране выступали как за меня, так и против. Однако преобладало общее мнение, что учителям в государственных школах должна быть дана большая свобода вероисповедания.

В начале апреля г-н Педерсен, директор школы, послал за мной. Именно по его рекомендации я получила должность директора по домоводству, и я знала, что ему нравилось, как я исполняла свои обязанности.

– Мисс Кристенсен, – сказал он, – я обязан проинформировать вас, что ваш случай передали в Министерство образования в Копенгагене, и его будут обсуждать в парламенте страны. Когда это случится, и когда они примут решение, неизвестно. Однако я буду держать вас в курсе. – Затем он добавил более доверительным тоном: – Я уверен, что всё будет хорошо.

Я поблагодарила его, но внутренне удивилась, откуда у него такая уверенность.

К этому времени пятидесятники закончили строительство своего молитвенного дома, и я подумала, что мне нужно посещать их собрания. Расмуссены сделали всё, что могли, чтобы я чувствовала, себя своей и нужной, но члены собрания не были расположены ко мне так, как я надеялась. Как я ни старалась приспособиться, я всё равно была другой. Все женщины одевались настолько просто, что это было почти безвкусно. На собрания я одевала свои наименее элегантные платья. Но этого было недостаточно. Создавалось впечатление, что все христианки носили тёмные чулки – мои были слишком светлыми. С неохотой я купила две пары уродливых чёрных чулок.

Проблема была и с моей речью. Я была *слишком образованной*, а мое образование было *мирским*. Разница в интеллектуальном и общественном уровне имела значение больше для них, чем для меня. Несколько раз, когда я молилась вслух на собраниях, все остальные присутствовавшие неодобрительно замолкали.

Вернувшись домой после одного из таких собраний, я призадумалась над своим положением. Мои коллеги-учителя больше не хотели общаться со мной. Лютеранская церковь смотрела на меня как на вероотступницу. Пятидесятники неохотно принимали меня за свою. Во всей стране обсуждалась моя судьба, а парламент должен был решить мое будущее, как учителя. Трудно было понять, как всё это могло возникнуть только потому, что я просто и лично обнаружила, что Христос жив, а Библия истинна.

Незадолго до Пасхи я получила короткое, но тревожное письмо от матери: «Все наши друзья говорят о тебе. Ко мне приходил наш священник... Я не понимаю, как ты могла так поступить».

Пасхальный уикенд я провела в доме у матери, делясь с ней всем, что произошло со мной.

– Знаешь, я никогда не изучала это самостоятельно, – сказала она в конце нашего разговора, – я только хотела удостовериться, что ты не сделала ничего плохого.

– Мама, – уверила я её, – это самое лучшее, что только происходило в моей жизни!

В конце июня меня снова вызвали в кабинет к г-ну Педерсену. Как только я вошла, он встал и показал мне письмо.

– Это ответ по вашему вопросу из Министерства образования.

Я почувствовала, как моё сердце забилось учащённо. Я молилась, чтобы исполнилась воля Божия, но когда наступил этот момент, я поняла, как много для меня значило моё положение в школе.

Г-н Педерсен продолжил:

– Министерство образования разрешило вам оставаться преподавателем, если вы подпишете этот документ.

Он вручил мне лист бумаги на бланке Министерства образования.

Я внимательно пробежала глазами по документу сверху донизу. Затем без дальнейших слов я взяла ручку у г-на Педерсена и подписала документ.

– Постойте! – запротестовал он, – Не торопитесь! Вы не один месяц ждали этого решения, а теперь подписываете его, не узнав до конца его содержание.

– О, нет, – ответила я ему, – я знаю, что там написано. Там сказано, что я не должна влиять на учеников относительно крещения младенцев. Если бы я и хотела что-то рассказать ученикам, то не о крещении младенцев, но о крещении верующих.

На лице г-на Педерсена было заметно облегчение.

– Знаете, мисс Кристенсен, – сказал он, – я никогда сам не изучал этот вопрос, но я заметил, что вы как-то изменились за последнее время – стали более довольной, что ли. Скажите, завидовать – это плохо?

Казалось бы, мой статус школьного преподавателя был снова утвержден. Я бросила открытый вызов, как власти, так и богословию государственной церкви, и, тем не менее, парламент страны поддержал меня. Однако во мне произошло внутреннее изменение, которое не зависело от парламентского решения. Благодаря акту крещения я потеряла свою старую жизнь. Во всём этом была такая окончательность, которую нельзя было изменить. Казалось, мне нужно было начинать планировать новую жизнь, вместо старой. А у меня не было ни малейшего понятия, как это сделать.

От Расмуссенов я услышала о больших пятидесятни-ческих церквях в Швеции, куда для духовного наставления постоянно приезжали люди из других европейских стран. Может быть, там мне смогут помочь. Я решила воспользо-ваться для этой цели летними каникулами.

В начале августа я въехала в Швецию со стороны юга и поэтапно добралась на север, в Стокгольм, посещая по до-роге разные пятидесятнические церкви. К счастью, у меня не было языкового барьера. Датский и шведский языки на-столько близки, что датчанин и швед могут свободно об-щаться друг с другом, говоря каждый на своём родном языке и вместе с тем понимая собеседника.

В Стокгольм я добралась в середине августа и оста-новилась в гостинице в центре города. Однажды, смотря вниз из своего окна на заполненный перекрёсток, я увиде-ла, как во всех направлениях непрестанно текут потоки людей и транспорта. «Так много людей идёт в разных на-правлениях, – подумала я про себя, – разве имеет значе-ние, куда идёт человек? Или же есть единственный правильный путь для всех?»

В воскресенье я пошла в самую крупную пятидесятни-ческую церковь в Стокгольме. Служение в большом собра-нии вдохновляло, а проповедь была ясной и сильной, но я так и не получила ответа на свои личные поиски. Объявили, что в тот вечер должен был проповедовать миссионер из Конго по имени Бенгт Карлссон.

На вечернее служение я шла с чувством разочарова-ния. Я провела в Швеции три недели, посетив полдюжины церквей, и на следующий день собиралась обратно в Да-нию. Но я так и не продвинулась в своих поисках и не по-нимала, как рассказ о миссионерском труде в Конго может помочь мне.

Свой рассказ Бенгт Карлссон начал, цитируя апостола Павла: _«Ибо мы – Его творение, созданы во Христе Иису-се на добрые дела, которые Бог предназначил нам испол-нять»_ (Послание Ефесянам 2:10). Он приложил это к своей собственной жизни, описывая те шаги, которые привели его от успешной медицинской карьеры на юге Швеции в первобытные джунгли Конго.

Но я уже не слышала его. Церковное окружение исчезло из моего поля зрения. Последние слова вводного текста отдавались эхом в моём сознании: *«добрые дела, которые Бог предназначил нам исполнять»*. Постепенно мне стал ясен смысл этих слов: *Бог уже определил конкретное жизненное задание для каждого из нас.*

Вот ответ на мой вопрос! Мне не нужно было планировать то дело, которое мне предстояло сделать. Мне нужно было найти то дело, которое Бог уже запланировал для меня. Бог предусмотрел для меня особое задание, которое не мог сделать никто другой в мире. Моей высочайшей ответственностью в жизни было найти и исполнить это задание. Если я не сделаю это задание, то оно останется невыполненным. Никто другой не мог занять моё место.

В церкви было тепло, даже жарко, но я вдруг задрожала. Чувство личной ответственности было ошеломляющим. В вечности я буду держать ответ за то, какое решения я приму в этот момент. Я отвечу перед Богом за то, что сделаю со своей жизнью! Склонив голову и закрыв глаза, я выдохнула молитву: «Господи, покажи мне то дело, которое ты предусмотрел для меня, и я сделаю всё, чтобы исполнить его».

Я снова увидела церковь – доктор Карлссон объяснял свои планы по сооружению небольшой больницы посреди джунглей. Оборудование нужно было импортировать из Швеции; за труд и строительные материалы приняла ответственность его африканская община. При строгой экономии и тщательном планировании общая стоимость не должна была превысить четыре тысячи долларов.

– Мы просим народ Божий помочь нам в этом деле, – завершил доктор Карлссон.

«У тебя есть деньги, чтобы помочь ему!» Я обернулась, чтобы посмотреть, кто это говорит за моей спиной, но там люди доставали свои песенники. Тем не менее, слова прозвучали так ясно, как будто их сказали вслух.

В то утро, когда я уезжала из Корсора в Швецию, я получила выписку из банка. Мой баланс составлял 12.212,55 датских крон – примерно 3.000 долларов. Это то, что мне досталось по наследству от отца. В 1927 году это была значительная сумма.

После служения я представилась д-ру Карлссону и спросила, не могу ли я поговорить с ним наедине. Через несколько минут я уже сидела напротив него и его жены за кухонным столом в маленькой квартире за церковью.

– Д-р Карлссон, я только недавно начала эту новую жизнь, и ещё есть много таких вопросов, которые я не понимаю. Но мне кажется, что в конце сегодняшнего служения Бог заговорил со мной, сказав мне дать вам три тысячи долларов для вашей больницы.

Я увидела, что чету Карлссон ошеломила названная мною сумма.

– Сестра Кристенсен, – сказал доктор, – прежде, чем вы решитесь отдать такую крупную сумму, я бы хотел, чтобы вы серьезно помолились и совершенно точно удостоверились, что вы услышали именно голос Божий.

Я поблагодарила его за слова предосторожности, но внутренне я уже была уверена.

– Пожалуйста, расскажите нам, как у вас началась эта новая жизнь в Святом Духе, – попросила г-жа Карлссон.

Я начала описывать свои поиски истинного смысла в жизни и те странные переживания, которые последовали меня. Чета Карлссон была такими благодарными слушателями, что я совершенно не смущалась. Я даже рассказала им о видении танцующей женщины, вокруг которой сидели мужчины со скрещенными ногами.

– Не знаю, есть ли такая страна, где люди одеваются именно так, – добавила я.

Д-р Карлссон улыбнулся:

– Возможно, я смогу ответить на этот ваш вопрос, – сказал он, – возвращаясь из Конго этой весной, мы совершили отдельное путешествие в Святую Землю. Как мужчины, так и женщины там одеваются именно так, как вы описали.

— Святая Земля..., — начала я. Почему я никогда об этом не думала? И почему у меня был такой прилив возбуждения? Я помню, как мне захотелось узнать больше о тех людях из моего видения.

— Позвольте мне попросить вас сделать одну вещь, сестра Кристенсен: молитесь о том, чтобы вы узнали, какова воля Божия о вашей жизни, и исполнили её, — д-р Карлссон завершил с мягкой настойчивостью в голосе, — именно для этой цели мы были сотворены от вечности, и, в конце концов, только это может дать нам истинное удовлетворение. Я убедился в этом сам.

В течение следующего часа д-р Карлссон рассказал, как он сам искал смысла, как он отказался от жизненных амбиций, об одиночестве и трудностях в африканских джунглях, тяжелейшей борьбе с болезнями и суевериями.

— И, тем не менее, — завершил он, — если бы я снова должен был сделать свой выбор, я бы не попросил ничего иного. Я нашёл наивысшее удовлетворение в жизни.

На следующий день рано утром я начала долгое обратное путешествие в Данию. Мне нужно было время, чтобы спокойно обдумать всё то, что произошло накануне. Не поторопилась ли я, пообещав такую крупную сумму денег для строительства больницы в таком месте, о котором я никогда не слышала? Я могла бы беззаботно жить целых два года на эту сумму. Или же это было такое сокровище, о котором Иисус предупреждал нас, чтобы мы не копили его на земле? В конце концов, моя преподавательская зарплата обеспечивала мне финансовую безопасность.

Важнее обещания дать эти деньги для меня было то новое направление, которое я получила для своей жизни. Я напомнила себе, что Бог показал: мне не нужно было планировать свою собственную жизнь. У Бога уже был план для моей жизни. Необходимо было только найти его.

Я прибыла в Корсор поздно вечером того же дня. На следующий день я сняла все деньги со своего сберегательного счёта и послала их заказной почтой в Стокгольм д-ру Карлссону. Я была готова к внутреннему борению, но случилось совсем наоборот. Когда я вручила конверт почтовому служащему, я почувствовала, как будто бремя спало с моих плеч. Я была свободна, чтобы посвятить себя на то задание, которое, как я знала, лежало передо мной – обнаружение плана Божия для моей жизни.

Школьные занятия начинались в конце августа. Дела в моём отделении домоводства шли как нельзя лучше, и г-н Педерсен постарался показать своё одобрение. Но время шло, и у меня появилась странная внутренняя обеспокоенность. Слова из проповеди д-ра Карлссона всё время возвращались ко мне. Моё дело в школе было *добрым делом*, но было ли это именно тем делом, которое Бог предопределил для меня? В Дании были и другие учителя, которые имели точно такую же квалификацию, чтобы преподавать домоводство. Ожидало ли меня какое-то другое, особое задание – то задание, которое никак не может быть сделано, пока его не сделаю я?

Д-р Карлссон предположил, что те люди, которых я увидела в видении, могут быть жителями Святой Земли. Почти против собственной воли я начала проявлять интерес в том направлении. Кроме четы Карлссон, я не встречала больше никого, кто бы там побывал. Хотя этот участок земли площадью почти в 26 тысяч квадратных километров, где пересекались три континента – Европа, Азия и Африка – сыграл удивительно важную роль в истории человечества, тем не менее, в течение долгого времени, от завершения Библейских событий до наших дней, трудно было найти достоверную информацию. Я посещала библиотеки, комиссионные книжные магазины, даже газетные архивы, и, в конце концов, мне удалось собрать краткую историческую справку о стране.

Бог пообещал дать эту землю, первоначально известную как Ханаан, в качестве наследия трём первым еврейским патриархам по порядку: Аврааму, Исааку и Иакову (переименованному в Израиля). Позднее, во время правления Давида и Соломона, потомки Иакова, которые были известны как Израиль, установили сильную и процветающую империю с величественным Иерусалимом в качестве своей столицы. Затем начался религиозный и политический упадок, и в последующие века землёй поочерёдно владели разные соперничающие империи: Вавилон, Персия, Греция и Рим. Наконец, Рим нанёс еврейской нации, которая восстала против его владычества, окончательное и жестокое поражение. Иерусалим со своим святым храмом был уничтожен, а те, кто выжили, рассеялись среди окружающих народов. Таким образом, начался период изгнания, продлившийся более восемнадцати веков. Землю захватили язычники окружающих стран.

В седьмом веке нашей эры Святая Земля пала перед захватническими армиями арабов, преданными последователями новой мусульманской религии, основанной Мухаммедом. В течение последующих тринадцати веков, за исключением короткого периода крестовых походов в одиннадцатом веке, эту землю захватывали разные мусульманские народы. Кульминацией этого периода были четыре века ига Оттоманской турецкой империи. Эта длинная череда завоеваний, в сочетании с запущением, постепенно превратила большинство земель в пустыню, без деревьев, с развалинами городов и малярийными болотами на месте когда-то плодородных полей.

Наконец, десять лет тому назад, в конце Первой Мировой войны 1914-1918 годов, феодальное турецкое владычество уступило место Британскому мандату над двумя прилегающими территориями, разделёнными рекой Иордан – Палестиной на западе и Трансиорданией на востоке. Однако эта перемена вызвала только новую напряжённость и проблемы. Технологии двадцатого века начали проникать в обычаи и образ жизни, которые оставались неизменными со времён Авраама. Арабским крестьянам, семьи которых обрабатывали одни и те же маленькие участки на протяжении многих сотен лет, вдруг противостали голодные на землю еврейские иммигранты, имеющие современные навыки, оборудование и финансовую поддержку международного сионизма (движения за возвращение евреев на их землю).

За кулисами истории великие державы соперничали друг с другом за контроль над стратегическими участками Ближнего Востока, такими, как Суэцкий канал, и за богатейшие в мире залежи нефти. Британское правительство отчаянно балансировало между притязаниями соперничающих национальных, политических и религиозных групп, но так и не могло найти окончательного решения. Один датский журналист, недавно вернувшийся из тех краёв, сделал такой вывод из сложившейся ситуации: *«Вопрос не в том, начнётся открытый конфликт или нет, но лишь в том, когда он начнётся».*

В этой картине Святой Земли, которая сформировалась в моём уме, не было ничего привлекательного. Я попыталась не думать об этом, но не могла. Может быть, это было ещё одним доказательством того, что цель Божия для моей жизни была каким-то образом связана с этой землёй и этим народом? Я знала только об одном способе найти ответ на вопрос – посредством молитвы. Мне было трудно начать молиться о такой чужой и далёкой стране, но я посвятила себя на поиски Божьей цели, и я должна была следовать по тому единственному пути, который мне казался открытым.

В последующие недели я провела много утомительных часов, преклонившись у своего зелёного кресла. Часто у меня возникало искушение бросить всё. Зачем молиться о чём-то столь отдалённом и нереальном? Постепенно я начала сознавать, что Бог учил меня полагаться на Святой Дух. Всякий раз, когда я чувствовала потребность в особой поддержке, я обращалась к словам Павла: *«Также и Дух подкрепляет нас в немощах наших; ибо мы не знаем, о чём молиться, как должно, но Сам Дух ходатайствует за нас...»* (Послание Римлянам 8:26).

Если, молясь на своём собственном языке, у меня не было прогресса в молитве, то я подчинялась Святому Духу и позволяла Ему молиться через меня на языке, который

Он Сам избирал. К тому времени я обнаружила, что Бог дал мне не просто один новый язык, но несколько. Один был нежный и быстрый, похожий на итальянский. Этот язык я получила в самом начале, в тот вечер, когда увидела видение с танцующей женщиной. Был ещё один язык с множеством гортанных звуков, больше похожий на голландский. В ещё одном языке был носовой звук, как ни в каком другом языке, который мне приходилось слышать. Были и другие языки, которые не так уж легко описать. Создавалось впечатление, что языки соответствовали определённым темам молитвы или же определённому настроению моего духа.

Иногда, помолившись немного на незнакомом языке, я переходила на датский язык, с удивлением узнавая, о чём я молилась. Я осознала, что такие молитвы, даже на датском языке, давались мне непосредственно Святым Духом. В таком случае, молитва на незнакомом языке служила лестницей, ведущей меня на более высокий уровень молитвы, чем тот, на который был способен мой ум. Хотя позже я опять могла возвратиться на датский язык.

Продолжая молиться таким образом весь октябрь и ноябрь, я осознала, что мои внутренние отношения претерпевали глубокие изменения. Можно ли было на самом деле любить людей, которых я никогда не видела? Я хорошо знала, что такое любить своих родителей и сестёр. Теперь же я начала чувствовать, что у меня есть ещё одна семья – в той стране, о которой я молилась, – семья, которой я никогда не видела, и чьих имён не знала. Тем не менее, любовь к ним пронизывала мои молитвы. Чем больше я молилась, тем сильнее становилась моя любовь.

Пастор Расмуссен пригласил меня посетить особый день молитвы в его церкви в воскресенье, 4-го декабря 1927 года. Около тридцати человек собрались утром и провели первую часть дня поочерёдно, то поя, то молясь и читая из Писания. Во второй половине дня на нас сошло необычное спокойствие. В течение пяти или десяти минут никто не осмеливался молиться вслух. Наше общение с Богом и друг с другом стало таким тесным, что его не нужно было выражать слышимыми словами.

Стоя на коленях, я почувствовала над собой тень Божьего присутствия. Это было похоже на росу, падающую в ночной тиши. Моё сердце начало биться учащённо в предчувствии. Некоторое время спустя передо мной появилось лицо маленькой девочки. Она смотрела на меня из некоего подобия ящика, но детали были смутны. Меня поразили её чёрные печальные глаза. Я хотела общаться с ней, но не могла!

Несколько дней после этого, всякий раз, когда я закрывала свои глаза для молитвы, я видела детское лицо с взглядом, направленным на меня. Была ли она членом моей невидимой семьи?

На Рождество я поехала в Брондерслев на традиционную семейную встречу. Внешне ничего не изменилось, но мне там больше не было места. Между мной и моей естественной семьёй появилась пропасть. Каким-то образом я начала чувствовать большую близость со своей невидимой семьёй в далёкой стране.

Я вернулась в Корсор на новый, 1928 год. Прошёл всего лишь год с тех пор, как мне в этой квартире явился Иисус. Два месяца спустя я приняла крещение. Кто бы мог предвидеть все эти последующие изменения? И я чувствовала, что ещё большие перемены ожидали меня впереди. Моё убеждение, что Бог направлял меня на Святую Землю, становилось всё крепче и крепче. Могла ли я просить Его показать мне больше этого? – именно то место, куда мне нужно было ехать, именно тот труд, который мне предстояло делать.

Когда я так молилась, мне вспомнилась игра, в которую я часто играла в детстве. Один человек уходил из комнаты, и в его отсутствие другие прятали где-то в комнате кольцо. Затем тому человеку позволяли вернуться в комнату. Когда он начинал приближаться к тому месту, где было спрятано кольцо, ему говорили: «Тепло!» Если он двигался в неправильном направлении, то говорили: «Холодно!» Когда он подходил совсем близко, ему говорили: «Горячо!»

Всякий раз, когда я молилась за Святую Землю и её народ, я чувствовала в своём духе тепло, которое показывало мне, что я двигаюсь в правильном направлении. Однажды я почувствовала сильное побуждение молиться за город Иерусалим. Тепло сразу же усилилось. Может быть, Дух Святой говорил мне: «Горячо!»? На протяжении целой недели я молилась таким образом, и всякий раз была точно такая же реакция. Итак, Иерусалим?

Но почему Иерусалим? Я там никого не знала и не имела никаких связей. Что я могла там делать? Я пыталась представить себя в различных ситуациях, но ни одна из них не подходила для меня. Я говорила самой себе, что это абсурд, но, невзирая на все мои аргументы, я не могла освободиться от убеждённости – Бог призывал меня поехать в Иерусалим – даже, если я не знала для чего, и не знала того, что мне предстояло там делать.

Бесчисленные вопросы начали атаковать мой ум. А как насчёт денег? Я отдала всё своё наследство от отца д-ру Карлссону. Если я уволюсь с работы в школе, я потеряю свою школьную зарплату. Я была уверена, что из-за моей известности по всей стране, благодаря моему водному и духовному крещению, никакое приличное миссионерское общество в Дании не примет меня в свои ряды. У пятидесятников не было лишних денег. Фактически те деньги, которые я давала со своей зарплаты, были одним из существенных элементов поддержки пастора.

Всю свою жизнь я жила в финансовом благополучии. Могла ли я довериться Богу, что Он обеспечит меня в далёкой и незнакомой стране, без всякой поддержки от какой-либо церкви или миссионерского общества? Никто даже не будет знать, что я буду там. Может ли Бог побудить людей посылать мне деньги, даже если бы не могли назвать меня миссионером и не знали, что мне нужно? Целую неделю я прокручивала этот вопрос и так, и этак в своем уме. Наконец, я решила, что я помолюсь о деньгах прямо сейчас и посмотрю, что из этого получится.

Всё время, пока у меня было хорошо оплачиваемое

место преподавателя, вряд ли кому-то пришло бы в голову предложить мне деньги. Однако я решила попросить Бога именно об этом. Я помолилась простой и конкретной молитвой: «Пожалуйста, Боже, я хочу, чтобы кто-то дал мне пять долларов завтра до полуночи. Если Ты сделаешь это, тогда я буду знать, что Ты можешь побудить людей обеспечивать мои нужды даже в Иерусалиме».

Весь следующий день я упрекала себя за такую абсурдную молитву и, в то же самое время, я пыталась представить себе, кто бы мог дать мне деньги. Наверняка, никто из моих коллег. Все они знали, как хорошо я была обеспечена. Может быть, в почтовом ящике будет письмо от дальнего родственника... С противоречивыми чувствами я поехала домой на велосипеде намного быстрее обычного.

«Вальборг, приходил ли сегодня почтальон?», – спросила я, как только вошла в квартиру. Вальборг вручила мне единственный конверт с пометкой из Фина. Моё сердце забилось немного быстрее, когда я открывала его. Это была записка от одного из детей Кезии.

«Дорогая тётя Лидия, благодарю тебя за тот подарок, который ты послала на мой день рождения!» Но – без денег!

К половине десятого вечера стало ясно, что денег не будет. Я не знала, что чувствовать: разочарование или облегчение? Если денег не будет, то это будет значить, что Бог не хочет, чтобы я ехала в Иерусалим. Я ошиблась относительно Его водительства... Или же это говорило о том, что моя молитва вообще была неправильной? Почему Бог должен был послать мне точное количество денег в определённый день, когда деньги мне вовсе не были нужны? Мне не следовало молиться такой безрассудной молитвой.

Я собиралась лечь спать, когда раздался стук в дверь. Моё сердце в прямом смысле колотилось, когда я её открывала. Моим посетителем была Кристин Сондерби, библиотекарь школы, которая посещала Евангельскую миссию возле порта.

– Надеюсь, что вы не посчитаете это очень странным, – начала она прежде, чем я успела попросить её войти, –

но сегодня вечером я молилась, и что-то случилось.

Она шарила в своей большой чёрной сумке, пока говорила.

— У меня появилось очень сильное убеждение, что Бог хочет, чтобы я принесла вам вот это.

Она вытащила из своей сумки пять долларов и вручила их мне. Немного постояв у двери, она ушла, явно смущённая своим необычным поведением.

После того, как Кристин ушла, у меня не стало силы в ногах. Мне пришлось присесть возле обеденного стола на несколько минут, ожидая, пока я смогу встать на ноги. До конца дня оставалось менее двух часов, и Бог послал мне именно ту сумму, о которой я попросила. У меня не было больше никакого повода сомневаться! Бог представил мне неопровержимое доказательство, что Он обеспечит меня в Иерусалиме и везде, куда бы Он ни послал меня!

На следующий день, во время школьного перерыва, Кристин снова подошла ко мне, шаря в своей сумке точно так же, как она это делала накануне вечером. «Я не знаю, почему я так поступила вчера вечером, – сказала она, – у меня на сердце было дать вам двадцать долларов, но по какой-то причине я дала вам только пять. Вот остальные пятнадцать». Она вручила мне банкноты.

— Кристин, – сказала я, – вы, наверное, никогда не узнаете, как это важно для меня, но я хочу поблагодарить вас за то, что вы послушались голоса Божия.

Я чувствовала, как её глаза изучали меня через толстые линзы.

— Вы действительно изменились, – сказала она, – вы больше не курите. Не могли бы вы мне сказать, что случилось?

Подбирая как можно более простые слова, я описала, как Иисус открылся мне, а затем исполнил меня Святым Духом.

— Лидия, я верю всему этому, – прокомментировала Кристин в конце, – я не понимаю только одного, насчёт говорения на иных языках. Нас всегда учили, что вещи, подобные этим, перестали существовать вместе с апостолами и что мы не должны искать этого сегодня.

Мне показалось, что в её голосе была грусть.

– Почему бы вам не помолиться об этом? – ответила я, – попросите Бога показать вам истину прямо по Библии.

– Да, думаю, что вы правы – именно так я и поступлю.

Кристин пожала мою руку с теплотой, которой я никогда в ней раньше не замечала, и мы расстались.

Остаток дня я провела, рассуждая над тем, что случилось. Бог не просто представил мне доказательство, что Он может обеспечить мои нужды в Иерусалиме. Он также дал мне два важных урока о молитве.

Во-первых, я не должна загадывать заранее, как Бог ответит на мою молитву. Ответственность за то, как придёт ответ, лежит на Боге, а не на мне. Я вычеркнула всякую возможность получения денег от кого-либо из моих коллег, но Бог предусмотрел послать их через Кристин. Во-вторых, Бог хотел дать мне больше, чем у меня было веры молиться. Потому что я попросила конкретно пять долларов, Бог сделал так, чтобы Кристин принесла мне сначала именно эту сумму. Однако Он на самом деле положил ей на сердце дать мне в четыре раза больше, чем я попросила. Я не должна ограничивать Бога, прося слишком мало.

В Корсоре зима начала уступать место весне. Ранние блики весны подчёркивали белизну карнизов и красный цвет крыш аккуратных кирпичных домов. Я полюбила Корсор с самого первого дня, когда я переехала сюда, но он никогда не казался мне столь привлекательным, как сейчас. Действительно ли Бог просил меня променять всё это на далёкую и малоразвитую страну, где люди, обычаи и пейзаж будут незнакомы и непривычны? Моё посвящение целям Божиим должно быть закреплено последним актом – вручением заявления об увольнении г-ну Педерсену. Неделя шла за неделей, а я всё откладывала это.

На Пасхальный уикенд я пошла послушать миссионера-ветерана из Китая по имени Арне Конрад, который проповедовал в пятидесятнической церкви. Во время последнего служения в воскресение вечером он говорил на тему из Послания к Евреям: *«Верою Авраам повиновался призванию идти в страну, которую имел получить в наследие, и пошёл, не зная, куда идёт»* (Послание Евреям 11:8). Господин Конрад нарисовал очень реалистичную картину того, как Авраам покидал удобства и надёжность своего дома в Уре и отправлялся в землю, о которой ничего не знал, полагаясь исключительно на обетование Божие. Я чувствовала, что каждое слово, которое он говорил, было адресовано мне лично.

После служения я попросила о личной беседе с г-ном Конрадом. Я описала, как Бог вёл меня к тому, чтобы я отказалась от своего положения и ехала в Иерусалим, и те колебания, которые я имела по поводу окончательного посвящения. Когда я закончила, он некоторое время смотрел на меня своими серыми глазами, сияющими из-под кустистых белых бровей. Наконец, он сказал:

– Сестра Кристенсен, Дания полна духовных калек, которые слышали призвание Божие, но побоялись выступить в вере. Не становитесь одной из них!

Его слова всё ещё звучали в моих ушах, когда я вернулась в свою квартиру. Я пошла прямо к своему письменному столу, написала заявление об увольнении и положила его поверх учебников, которые мне предстояло взять с собой в школу завтра утром.

Укладываясь спать в тот вечер, я представила себе окончательность того, что я собиралась сделать. Это было прощанием со всем знакомым мне миром Корсора и первым шагом в неизвестное будущее, тем шагом, к которому я не могла приготовиться и собрать запасы. Для того чтобы отбросить сомнения и страхи, которые атаковали меня, я продолжала повторять слова из текста, на котором была построена проповедь г-на Конрада: *«Верою Авраам... пошёл, не зная, куда идёт...»* Наконец, я заснула с этими словами на устах.

На следующее утро в школе у меня было окно во время второй пары. Как только прозвонил звонок с первого часа, я взяла своё заявление об уходе и направилась в кабинет г-на Педерсена. Он поздоровался со мной и пригласил меня присесть.

— Господин Педерсен, — сказала я, протягивая заявление, — я хотела вручить вам это лично. Это заявление о моём уходе.

— Ваше заявление о ..., — г-н Педерсен замер с рукой, протянутой за заявлением, — Вы хотите сказать, что уходите от нас?

Я рассказала, как убедилась в том, что Бог говорил со мной о переезде в Иерусалим. В конце г-н Педерсен встал, протянул свою руку и пожелал мне счастливого пути:

— Не уверен, что я вполне вас понимаю, — добавил он, — но я уважаю вашу верность своим убеждениям.

Выйдя в коридор, я наткнулась на Сорена.

— Доброе утро, — сказал он, — что это заставило тебя прийти к директору в столь ранний час?

— Я только что подала заявление об уходе.

— Об уходе! Ты никогда не говорила об этом! — Сорен был явно шокирован.

— Я уверен, что это не связано с тем, что люди говорили о тебе. Признаюсь, я сам был порой бестактен. Мне нужно было быть осмотрительнее.

Он почти заикался:

—Ты собираешься занять вакансию, которая предлагалась в Копенгагене?

— Пожалуйста, не упрекай себя, Сорен! Я ухожу не потому, что кто-то что-то сказал. Я должна была сказать тебе раньше, но мне казалось, что ты бы не понял. Видишь ли, я еду не в Копенгаген — я еду в Иерусалим.

— Иерусалим! Что ты там собираешься делать?

— Я не знаю — но я верю, что Бог хочет, чтобы я была именно там.

— Лидия, я никогда не думал, что ты можешь дойти до таких крайностей, следуя своим идеям!

Сорен был наполовину сердит, наполовину озадачен.

— Ты на самом деле так думаешь?

— Нет, Сорен, не думаю и не знаю – я верю! Много лет я строила свою жизнь, сама планируя и рассуждая, но я поняла, что есть и другое жизненное измерение!

— Другое измерение, Лидия? – голос Сорена стал странно безликим, – Я что-то не понимаю этого...

Прозвенел звонок. Я протянула руку и на мгновение задержала его руку в своей:

— Мне нужно идти, Сорен, извини.

Дойдя до угла коридора, я оглянулась назад. Сорен всё ещё стоял там, где мы расстались, смотря в моём направлении. Я повернула за угол и потеряла его из виду. Я прошла всего лишь пятьдесят метров, но я точно знала, что ухожу из его жизни.

Внутри меня была боль, которая была слишком глубока для слез. Я подумала, что даже смерть не сделала бы расставание столь бесповоротным. Я вспомнила своё крещение. Уже тогда я признавала его как смерть, но я не вполне понимала, что это такое. Мои отношения с Сореном делали нас обоих такими счастливыми. Было ли это частью той старой жизни, которую я должна была потерять прежде, чем войду в ту новую жизнь, в которую Бог вводил меня?

Я обязана была сообщить о своём увольнении также и матери, но я знала, что письма не хватит. Я подождала Троицы и ненадолго поехала в Брондерслев. В субботу утром самыми простыми словами я рассказала матери, что я сделала. Когда я закончила, она некоторое время молчала.

— Но что ты собираешься делать в Иерусалиме? – спросила она, наконец.

— Мама, я задавала этот вопрос себе много раз. Но я всё-таки верю, что у Бога есть особое задание для каждого человека и что я найду своё в Иерусалиме.

Я вернулась в Корсор с ещё большим уважением к своей матери, чем когда-либо. Мои новости сильно шокировали её, но она постаралась не сказать ничего такого, что могло бы сделать более трудным моё следование тому, что я избрала. Я начала молиться, чтобы Бог подготовил её к тому времени, когда я буду отъезжать в Иерусалим.

Семестр закончился в середине июля. Сначала было трудно поверить, что я больше уже не преподаватель. Одним из практических напоминаний об этом факте было то, что я перестала получать чеки с зарплатой. Жизнь стала казаться удивительно пустой. Однако я не могла позволить себе жить прошлыми воспоминаниями. Я начала строить планы по путешествию в Иерусалим. В миссионерском журнале, который издавался в Швеции, я обратила внимание на адрес одной шведки, которая жила в Иерусалиме. Её звали Ида Густафссон. Я решила написать ей и сказать, что я приезжаю в Иерусалим.

Ожидая её ответа, я начала продавать свою мебель. Мои цены были до смешного низкими, но у меня не было никакого желания торговаться. Половину денег я отдала пятидесятникам для приобретения обстановки в их церковь. Им же я отдала и своё пианино. Остаток денег я отложила на своё путешествие в Иерусалим и на свои расходы по моему приезду туда.

Я оставила только кровать, кресло и столик, которые я хотела отдать Вальборг. Я знала, что она легко найдёт себе другое место, но я дала ей зарплату на месяц вперёд.

— Благодарю вас, мисс, за всё, — сказала она, — я буду думать о вас каждый вечер, засыпая на кровати, и я буду за вас молиться!

Однажды, когда я сидела одна в почти пустой квартире, пришла Кристин Сондерби. В дополнение к своей чёрной сумке, с которой она никогда не расставалась, у неё был плоский бумажный пакет.

— Я пришла не за тем, чтобы что-то купить, — объяснила она, — я просто хотела принести вам вот это...

Развернув свой пакет, она достала картинку без рамки с отрывным календарём, вставленным в разрез внизу. На картине был изображён в пастельных тонах пастух в Библейском одеянии, с посохом в одной руке и новорожденным ягнёнком в другой. Внизу были слова в готическом стиле: *«Агнцев будет брать на руки и носить на груди Своей»* (Книга пророка Исаии 40:11). Кристин неуверенно смотрела на меня сквозь свои толстые линзы:

— Я всё ещё не понимаю того, что вы сказали мне, но я буду молиться о вас.

После ухода Кристин я положила календарь поверх вещей, приготовленных мною для отъезда. Это был тот стиль сентиментального церковного искусства, который мне особенно не нравился.

— Но, по крайней мере, — сказала я сама себе, — в Корсоре обо мне будут молиться два человека: Кристин и Вальборг.

В первое воскресенье августа, во время утреннего служения в церкви пятидесятников, я познакомилась с ширококостной женщиной с копной волос соломенного цвета, которые были собраны при помощи двух черепашьих гребней. Это была Китти Соренсен, миссионерка из Китая. Она сказала мне, что собирается в обратное путешествие в Китай в начале сентября. Мы решили поехать вместе до Египта: на поезде через Европу в Марсель, а затем на корабле в Александрию на северном побережье Египта. Оттуда Китти продолжит своё путешествие на Восток на корабле по Суэцкому каналу, а я завершу свой маршрут на поезде через Синайский полуостров в Иерусалим.

Через десять дней я получила ответ из Иерусалима от мисс Густафссон. Она очень обрадовалась, узнав о моих планах, и предложила встретить меня по приезду, если я дам ей знать о том, каким маршрутом я буду следовать. Её ответ очень ободрил меня. По крайней мере, когда я приеду в Иерусалим, у меня будет, где остановиться. Я написала ей ответ, описав свои планы и обещая послать телеграмму из Александрии.

В пятницу, 21-ого сентября, я пошла в бюро путешествий и заплатила за свой билет до Александрии. Из оставшихся денег я отложила самый минимум на свои расходы в Дании до конца месяца, а всё остальное поменяла на туристические чеки на сумму 180 долларов. Вот и всё моё мирское богатство.

В следующий понедельник я отправила свой основной

багаж в Копенгаген, а сама села на поезд в Брондерслев. Я пообещала своей матери провести вместе с ней последние дни в Дании.

В течение первых двух дней мы просто наслаждались обществом друг друга. По молчаливому согласию мы не упоминали события, последовавшие за моим крещением, или неизвестное будущее, ожидавшее меня в Иерусалиме. Наконец, настал мой последний день дома. Мама сама нарушила это установленное молчание.

— С тех пор, как ты побывала здесь в последний раз, я думала о том, что случилось с тобой, когда тебе было пять лет, — сказала она, мягко раскачиваясь туда-сюда в своём любимом кресле, — Ты заболела сильным воспалением лёгким, и я думала, что мы потеряем тебя. Я помню, как стояла у твоей кровати однажды вечером и говорила Богу, что если Он оставит тебя в живых, то ты будешь принадлежать Ему. Возможно, это объясняет события последних двух лет.

— Да, мама, это помогает и моему пониманию.

Я поцеловала её в лоб, затем ускользнула, чтобы сделать последние приготовления для моей завтрашней поездки в Копенгаген.

Когда я вернулась, мама заснула, откинув голову на спинку кресла. Несколько минут я стояла молча, наслаждаясь знакомой красотой её черт. Она сильно постарела за последний год. Во многом, как я знала, из-за заботы обо мне.

Вдруг она открыла глаза и посмотрела на меня.

— Разве это не странно? — воскликнула она, — я, должно быть, задремала, а потом увидела твоё лицо прямо перед собой. Ты выглядела совсем как пятилетняя девочка – с такими длинными золотыми локонами, которые у тебя были тогда. С чего бы это мне привиделось!

— Я думаю, Бог что-то показывает тебе, мама, — сказала я, — он показывает тебе, что я на самом деле не изменилась. Я всё та же маленькая девочка, которую ты всегда знала. Только сейчас я начинаю понимать ту истинную цель, которая всегда была у Бога для меня.

За ужином в тот вечер мама немного поговорила о том, что её беспокоит моё будущее.

— Но, во всяком случае, я рада одному, — добавила она.

— Чему же, мама?

— Я знаю, что у тебя есть кое-какие средства. Ты сможешь жить больше года на те деньги, что тебе достались по наследству от отца.

— Не думай об этом, мама, и не беспокойся, — быстро ответила я, — я хочу только, чтобы ты регулярно писала мне, и каждый день молилась обо мне.

Я была так благодарна, что мама не спросила меня, сколько у меня осталось от отцовского наследства. Мне было бы трудно сказать ей, что я отдала все эти деньги на строительство больницы в Конго!

На следующее утро мама и Анна проводили меня на вокзал. Когда подошло время посадки на поезд, мама обняла меня и несколько минут молча держала меня в своих объятиях. Наконец, она сказала: «Ты всё та же моя малышка, самая лучшая в мире!»

Когда поезд начал отходить, мама бежала рядом до тех пор, пока могла. Потом она достала свой белый кружевной носовой платок и начала махать им. Я не сводила с неё глаз до тех, пока уже не могла различить её. Последнее, что я могла видеть, был белый носовой платок.

6. Путешествие

На следующее утро я встретилась с Китти на центральном железнодорожном вокзале Копенгагена. Сквозь толпу пассажиров, спешащих во всех направлениях, и носильщиков, толкающих тележки с огромными чемоданами, мы пробрались к поезду, идущему в Марсель. Провожать Китти пришло с полдюжины её друзей, и она высунулась из окна, ведя оживлённый разговор, знаки препинания в котором, временами, проставлял выходящий со свистом пар локомотива. Я стояла в купе за её спиной, стараясь выглядеть бодрой, но внутренне я остро осознавала, что меня никто не провожал.

– Почему кто-то должен быть? – напомнила я себе, – Китти – она миссионер по назначению, и она возвращается на своё поприще. А ты не настоящая миссионерка, ты просто...

Я сделала паузу, не сумев закончить фразу даже в уме. Меня не посылала ни церковь, ни миссионерское общество, так что я не могла быть миссионеркой. Кто же я такая на самом деле?

Прозвучали последние гудки, и поезд тронулся в путь. Мы с Китти уселись на двух боковых сиденьях, друг напротив друга.

– Вот теперь мы действительно движемся по своему пути! – заметила Китти, поправив свои гребешки. Я снова поймала себя на том, что сравниваю её положение со своим. Она совершала повторное путешествие, возвращаясь на устроенный миссионерский участок в стране, которую хорошо знала. Но для меня путешествие было первым шагом в совершенно новом и незнакомом мире.

Я попыталась не поддаваться парализующему чувству страха, надеясь, что Китти не подозревает о моих внутренних переживаниях. Непроизвольно я крепче сжала свою сумку. В ней был мой паспорт, билет на судно в Александрию и 180 долларов туристических чеков. В конце концов, я подумала – Китти будет со мной до Александрии, а в Иерусалиме у меня есть Ида Густафссон.

Когда наступила ночь, мы пошли в спальный вагон третьего класса. Некоторое время неумолимый стук колёс поезда, на полных парах летящего по своему пути на юг, не давал мне заснуть, но, наконец, я заснула. Вдруг я оказалась перед большим письменным столом. Напротив меня сидел смуглолицый мужчина. Он упирался локтями в стол, а руками поддерживал подбородок. Его чёрные глаза неотрывно смотрели на меня, как бы ожидая ответа на вопрос. Не выдержав его взгляда, я отвела глаза и увидела странный предмет, находившийся на углу его стола. Он имел форму усечённого конуса, был сделан из плотной красной материи, а с боку свисала чёрная шёлковая кисточка, закреплённая сверху. Все ещё чувствуя на себе взгляд мужчины, я попробовала ответить на его вопрос, но у меня пересохло в горле, и я не находила нужных слов.

Вдруг поезд качнулся, и я увидела перед своими глазами покачивание шторок моего спального места. Я осознала, что это был сон. Однако осознание этого не развеяло эмоционального впечатления от видения. Я не могла забыть ни смуглых черт лица мужчины за столом, ни взгляда его чёрных глаз, ни странный красный головной убор с чёрной шёлковой кисточкой. Я не могла избавиться от чувства смущения и беспомощности. Заснуть я смогла только час спустя.

На следующий день я рассказала Китти о своём сне, но она точно также не поняла его, как и я, кроме того что моё описание красного предмета напоминало ей головной убор, называемый тарбуш, который носят чиновники в Египте.

Приехать в Марсель и сойти с поезда – это было некоторым облегчением. Мы с Китти знали всего лишь несколько слов по-французски, но нам удалось поймать такси и доехать до маленькой гостиницы, расположенной неподалёку от порта. Нам предоставили пустую комнатушку с двумя кроватями.

– Не очень-то и чисто, – заметила Китти, – но это вполне подойдёт на пару ночей, пока мы не сядем на корабль, идущий в Александрию.

На следующее утро мы пошли в контору Томаса Кука, чтобы подготовить всё для посадки на судно, которое должно было отплыть на следующий день. На своём несовершенном английском я объяснила клерку, что я собиралась сойти в Александрии, и он попросил меня показать мой паспорт.

– Если вы хотите сойти в Египте, вам нужна виза от Египетского правительства. Вам не разрешат сойти с судна без неё, – сказал он.

– Где я могу получить эту визу? – спросила я.

Клерк дал мне адрес египетского консульства.

Оставив Китти в конторе Кука, я сама села на такси и поехала в консульство. После небольшого ожидания, меня пригласили пройти в кабинет консула.

– Доброе утро, мадам, – сказал он по-английски, – чем могу быть полезен?

– Доброе утро... – начала я, но слова застряли у меня во рту. Передо мной за столом сидел тот самый мужчина, которого я видела во сне в поезде две ночи тому назад. Вне всякого сомнения, это были те же самые смуглые черты и чёрные глаза, в упор смотревшие на меня. Автоматически я посмотрела на дальний угол стола, но даже до того, как я это сделала, я внутренне была уверена, что там увижу. Так оно и было! Там находился этот странный головной убор красного цвета с черной шёлковой кисточкой! Все детали были точно такими, как я видела их во сне.

Усилием воли я перевела свой взгляд снова на консула, чувствуя, что он всё ещё ожидает от меня ответа на свой вопрос. Наконец, я заставила себя сказать:

– Мне нужна виза. Я еду в Палестину, и мне нужна виза, чтобы сойти на берег в Палестине.

Я раскрыла свою сумку, затем достала свой паспорт и дала его консулу.

Он просмотрел мой паспорт и сказал:

— Мы не можем дать вам визу здесь. Мне придётся писать в Каир.

— Это займёт не слишком много времени?

— Примерно две недели. Может быть, больше.

— Две недели! — воскликнула я, — но я не могу ждать две недели, моё судно отходит завтра.

Я начала чувствовать то же самое, что и во сне, только намного сильнее. У меня в горле пересохло, а горло стало как свинцовое.

— Помогите мне, пожалуйста!

— Мадам, я ничего не могу сделать.

Взгляд чёрных, неумолимых глаз по-прежнему был направлен прямо на меня.

— Но вы не понимаете! — сказала я, — если я не сяду на это судно, я останусь здесь в Марселе одна. Я здесь никого не знаю. Я просто... — Я почувствовала, как мои глаза наполняются слезами, и замолчала.

— Повторяю, мадам, я ничего не могу сделать.

Консул протянул мой паспорт. Как загипнотизированная, я взяла паспорт из руки консула и вышла из кабинета.

Я постояла несколько минут на тротуаре, пытаясь взвесить обстановку. Наконец, так ничего не придумав, я взяла такси и поехала в контору Томаса Кука. Китти не было видно. Она, наверное, всё сделала и вернулась в гостиницу.

Я рассказала клерку, что случилось в египетском консульстве.

— Без визы вы не можете сесть на судно, идущее в Александрию, — сказал он, — я могу вам только посоветовать сесть на судно, которое идёт из Марселя в Тель-Авив.

При упоминании Тель-Авива моё сердце забилось быстрее. Изучая карту в Корсоре, я знала, что это порт на берегу Палестины, который был даже ближе к Иерусалиму, чем Александрия.

— Есть ли какое-то судно, которое отходит в ближайшее время? — спросила я.

Клерк посмотрел в расписание:

– Через неделю отходит французское судно, – сказал он, – порт назначения – Тель-Авив. Но на своём пути оно будет заходить в разные порты. Мы можем достать вам билет на это судно.

– Сколько будет стоить проезд отсюда до Тель-Авива?

Клерк снова посмотрел в расписание:

– Сорок шесть долларов.

– Могу ли поменять свой билет с судна на Александрию на судно в Тель-Авив?

– К сожалению, мадам, – ответил клерк, – но мы не имеем права обменять ваш билет в Александрию или возместить его стоимость.

Как видно, у меня не было выбора. Мне нужно было купить билет на французское судно, идущее в Тель-Авив. Я вынула портмоне с туристическими чеками и тщательно отсчитала 70 долларов. Я заплатила 46 долларов за билет, а остальные 24 я поменяла на французские деньги. Если мне удастся тратить не больше четырех долларов в день, то мне хватит на эту неделю, которую я буду вынуждена провести в Марселе. Но когда я вкладывала своё портмоне с туристическими чеками обратно в сумку, оно было жалко тонким. Я лишилась уже более трети моих денег!

Вернувшись в гостиницу, я рассказала Китти, что случилось. Когда я закончила свой рассказ, она немного помолчала, поправляя свой черепаший гребень. Наконец, она нарушила молчание:

– Трудно понять, почему Бог иногда допускает подобные вещи, но, по крайней мере, Лидия, ты можешь быть уверена в одном – Бог показал тебе заранее, что должно было случиться.

– Значит, ты считаешь, что мой сон действительно был от Бога?

– Конечно. Если Бог показывает тебе заранее все подробности ситуации, которая тебе предстоит, тогда ты знаешь, что Он держит эту ситуацию под контролем, как бы ни расстраивались твои планы.

Я охотно приняла объяснение Китти. Это был как светлый луч надежды в тёмном облаке разочарования, которое покрыло меня. Мой ум начал приспосабливаться к новой ситуации. Я направилась к шаткому столику, стоящему возле окна, и написала письмо Иде Густафссон, – той шведке, которая обещала встретить меня по прибытии в Палестину. В этом письме я объяснила неожиданные перемены в моих планах. Я написала ей название того французского судна, на которое у меня было забронировано место, с указанием ожидаемого времени прибытия в Тель-Авив. *Сможет* ли и *успеет* ли она встретить меня там? На то, чтобы получить от неё ответ в Марселе, времени уже не было.

Китти пошла вместе со мной на почту. Чиновник, который говорил по-английски, сообщил нам, что недавно ввели авиапочту в Палестину. Это давало моему письму возможность дойти до мисс Густафссон заблаговременно. Выйдя из почты, мы пошли погулять в районе порта, останавливаясь, чтобы поглазеть на витрины магазинов и переводя французские франки в датские кроны.

На следующий день после ланча, я проводила Китти на корабль и помогла ей донести ручной багаж в каюту. Там было только две койки, и одна из них, над койкой Китти, была свободной. Несомненно, это было то место, которое должна была занять я. Когда Китти поместила свой багаж, мы преклонили колени возле койки Китти и предали друг друга Божьему попечению и покровительству.

В четыре часа дня прозвучал колокол, предупреждая, что все посетители должны сойти на берег. На палубе Китти обняла меня в последний раз и подождала, пока я сойду на берег. Стоя на причале, я видела её на палубе. Она сложила руки рупором, видимо, пытаясь мне что-то сказать, но мы были слишком далеко друг от друга, чтобы я могла услышать её.

Наконец, издав несколько гудков и выпуская клубы чёрного дыма из своих труб, её пароход начал медленно отходить. Я махала Китти столько, сколько могла видеть её, но через несколько минут корабль развернулся, и я потеряла её из виду. Я всё ещё следила за судном, пока оно выходило из порта в открытое море. Наконец, оно превратилось в чёрный силуэт на фоне неба, освещённого последними лучами заходящего солнца.

Вдруг меня охватило чувство жуткого одиночества. Расставшись с Китти, я потеряла последний контакт с Данией. Я никого не знала здесь – я была абсолютно одна в чужом городе и чужой стране, языка которой я не понимала. Мне предстояло провести шесть дней в пустой гостиничной комнате. До того момента, я не представляла себе, что такое на самом деле одиночество. Теперь же одиночество окутало меня как сырой воздух сумерек. Я начала мелко дрожать.

Мои мысли вернулись в Данию. А что сейчас делает мама? Я представила себе, как она мягко раскачивается в своём кресле в такт с ритмичным звуком вязальных спиц в руках. Так привычно было услышать её голос: «Моя маленькая девочка, разве ты не видишь, что уже стемнело? Немедленно возвращайся в гостиницу!»

Я вдруг поняла, что на самом деле стемнело. У себя дома, в северном климате Дании, я никогда не замечала, чтобы темнело так быстро. Но вот я оказалась совершенно одна, одинокая женщина в темноте портового района незнакомого города. Как можно быстрее я направилась в сторону своей гостиницы, в центральную часть города.

На полпути в гостиницу я услышала за собой тяжёлые шаги. Затем грубый голос что-то сказал по-французски, и я почувствовала на своей талии руку мужчины. Инстинктивно я повернулась и сказала по-датски: «Оставьте меня в покое!»

Передо мной стоял плотный мужчина в матросской форме. За те несколько секунд, показавшиеся мне вечностью, что я смотрела ему в лицо, я почувствовала запах алкоголя из его рта. Моё сердце бешено колотилось. Затем он передёрнул плечами и убрал свою руку.

У меня возникло сильное желание побежать, но я не осмелилась показать, как мне было страшно. Я прошла метров пятьдесят и снова оглянулась. Мужчина всё ещё смотрел в моём направлении, но не пытался преследовать меня. Пять минут спустя, с румянцем на щеках и запыхавшись, я вернулась в гостиницу.

Я упала на колени возле кровати и попыталась молиться, но не находила слов. Из моего горла вырывались рыдания. Наконец, я успокоилась, и ко мне пришла глубокая внутренняя тишина. Время как будто замерло. Не было ни прошлого, ни будущего. Я будто повисла в вечном сейчас.

После безвременного состояния внутренней тишины с моих губ сами собой начали сходить слова на незнакомом языке. С удивлением я поняла, что я не проговаривала их, а пела – с мелодией, напоминающей средневековые церковные распевы. Хотя я не понимала слов, но была уверена в теме. Это было поклонение и радость, даже триумф. Я встала с коленей и начала ходить, с поднятыми руками и словами песни на устах.

К тому времени я уже привыкла говорить на незнакомом языке. Фактически, я делала это всякий раз, когда молилась. Но вот в первый раз Дух Святой дал мне не просто слова, которые я не понимала, но и мелодию, которую я никогда раньше не слышала. Конечно, это было ещё одним доказательством, – если оно было нужно, – что всё это не было плодом моего ума. И действительно, своим умом я всё ещё не понимала, почему это я славила Бога таким триумфальным пением в этой пустой маленькой комнате. Внешне ничего не изменилось, и, тем не менее, страх и одиночество внутри уступили место миру и радости.

Я взяла свою Библию, лежавшую на ночном столике, намереваясь ещё раз прочитать мой любимый стих из Послания к Римлянам, который начинался словами: «Так же и Дух подкрепляет нас в немощах наших». Однако мой взгляд упал на два стиха ниже: *Притом знаем, что любящим Бога, призванным по Его изволению, всё содействует ко благу»* (Послание Римлянам 8:28).

«Призванным по Его изволению», – эти слова относились ко мне! Покинуть Данию и предпринять это путешествие меня побудил Бог. Я старалась найти и исполнить Его

цель для своей жизни. Но если так... Тогда всё, что произошло со мной, будет мне на пользу! Разочарование, задержка, непредвиденные расходы, одиночество – всё это было допущено моим Небесным Отцом для моего блага! Вот действительно повод для прославления и радости – такое объяснение мой ум мог понять, но по порядку Божьему мой дух начал радоваться прежде, чем мой ум понял причину.

На протяжении оставшегося времени в Марселе мой гостиничный номер стал местом моего молитвенного уединения. Он больше не казался ни пустым, ни одиноким. Он стал дышать святостью. Каждый день я проводила целые часы, – то прославляя, то молясь, то распевая – то на незнакомом языке, то на моём родном.

В такой атмосфере молитвы я начала понимать те многообразные способы, которыми Бог защищал меня и заботился обо мне. Через сон в поезде Он показал мне, что Он знает будущее вплоть до мельчайших подробностей, хотя я этого и не знала. Затем, в момент одиночества в порту, Он заговорил со мной голосом матери. Разве можно было яснее показать нежность Его любви ко мне! Наконец, Он защитил меня от незнакомца на улице.

Более того, я поняла, почему Бог допустил изменения в моих планах. Многие годы я была настолько уверена в себе, настолько сильна своей собственной мудростью и рассуждениями. Это сослужило хорошую службу в моей преподавательской карьере, но было препятствием в моей новой жизни верой. Теперь же с меня была сброшена моя самонадеянность, и я зависела от милости и верности Божьей. Мне больше не нужно было зависеть от моих собственных суждений в планировании каждого предстоящего шага. Я была согласна вложить свою руку в руку Божью и позволить Ему вести меня день за днём, и шаг за шагом.

Французское судно отплыло точно в полдень, в понедельник 8-го октября 1928 года. Я оставалась на палубе, наблюдая, как очертания Марселя пропадали за горизонтом. Как это было увлекательно снова оказаться на пути в

Иерусалим! Но я знала, что уроки, усвоенные в Марселе, стоили того времени, которое я там провела.

Я сразу же узнала, что на корабле никто не понимал по-датски. Это означало, что мне предстояло каждый день говорить по-английски. Большинство членов команды были французами, а большинство пассажиров – арабами из разных регионов Ближнего Востока, и почти все говорили по-английски. Когда временами мои английские фразы казались им странными или же мой сильный датский акцент было трудно понять, они вежливо старались не показать этого.

Я подружилась с одним торговцем из Аммана, который начал учить меня арабскому языку. Это был первый араб, которому я попыталась засвидетельствовать о своей вере.

– Как по-арабски звучит имя Иисуса? – спросила я его.

– *Я-су-а* – ответил он.

– А как называется вот это? – спросила я, прикасаясь к двери.

– *Баб* – ответил мой спутник.

Я уже знала, что по-арабски Бог был Аллах.

– *Я-су-а баб Аллах*, – сказала я ему, показывая на небо, – «Иисус – дверь к Богу».

Он вежливо улыбнулся и кивнул головой.

Наше путешествие на восток было спокойным. Мы заходили в различные порты на северном побережье Средиземного моря, а также в один порт на Эгейских островах. Многие названия напоминали о миссионерских путешествиях Павла.

Большую часть времени я проводила, изучая карту Святой Земли, купленную в букинистическом магазине в Дании. Я заметила, что главная дорога из Тель-Авива на восток в Иерусалим вилась через горы. Согласно шкале на карте, расстояние было примерно восемьдесят километров. Больше всего гор было возле Иерусалима. Мне вспомнились слова псалмопевца: *«Горы окрест Иерусалима, а Господь окрест народа Своего отныне и вовек»* (Псалтирь 124:2).

Наш корабль пришвартовался в Тель-Авиве в четверг после полудня, 18-го октября. Стоя у поручня судна, я впервые увидела Святую Землю своими глазами. Гавань подо мной была завалена клетками и тюками, между которыми бегали моряки и носильщики, жестикулируя и крича друг на друга на языке, который я приняла за арабский. Напротив стоял длинный растянутый навес с надписью: «Таможенная и иммиграционная служба». Внизу были надписи на языках, мне незнакомых. На арабском и иврите? Должно быть так...

Встав на цыпочки, я взглянула поверх крыши навеса на разношёрстную толпу, стоявшую на открытом участке песчаной земли. Была ли там мисс Густафссон? Определить было трудно.

Один из матросов помог мне снести багаж с судна под таможенный навес. Мой первый разговор был с офицером иммиграционной службы.

– Вы из Дании? – спросил он, – туристка?

Я кивнула. Он пролистал мой паспорт, затем поставил печать на свободном пространстве.

– Я поставил вам туристическую визу, действительную шесть месяцев, – объяснил он. В углу печати, я заметила слова маленькими буквами: без права на работу.

Затем таможенный офицер попросил меня открыть два главных предмета моего багажа – чемодан с одеждой и плетёный сундук с постельным бельём и несколькими предметами столового серебра и кухонной посуды. Покопавшись немного в сундуке, офицер пометил оба предмета багажа синим мелком и разрешил мне пройти.

Через минуту я стояла на улице с багажом возле ног. Первое, что бросилось мне в глаза, это был мужчина в разорванной тунике, который лежал у стены под навесом. Кожа на его ногах была изъедена открытыми ранами. Заметив, что я смотрю на него, он протянул ко мне руку, которая заканчивалась красной грубой культей. Он монотонно бубнил одно и то же слово: «Бакшиш, бакшиш, бакшиш». Я не могла отвести взгляда от его ран и изувеченной руки. Может быть, что это проказа? Прямо здесь, на открытом воздухе, без всякой перевязки и с роящимися мухами!

Я открыла сумку, чтобы достать монету, и поняла, что у меня были только французские деньги. Не успела я решить, что же делать дальше, как меня обступили оборванные уличные мальчишки, одновременно орущие и жестикулирующие. Один тыкал мне в лицо открыткой, другой держал поднос с безделушками и сувенирами, третий склонился у моих ног, готовый почистить мои туфли. Краем глаза я заметила высокую пожилую женщину с седыми волосами стального цвета, которая спешила в нашем направлении. «Она похожа на шведку», – подумала я про себя.

– Вы мисс Кристенсен из Дании? – спросила эта дама по-шведски, умело оттеснив мальчишек в сторону.

– Да, – ответила я по-датски, – я Лидия Кристенсен. А вы, наверное, мисс Густафссон? Как это любезно с вашей стороны встретить меня!

– Добро пожаловать на Святую Землю! – сказала мисс Густафссон, пожимая мою протянутую руку своими костлявыми пальцами.

– Как прошло ваше путешествие? – не дождавшись моего ответа, она продолжила, – если мы хотим еще сегодня попасть в Иерусалим, то нам нельзя терять времени. Подождите здесь с вещами, пока я найду такси.

Ожидая возвращения мисс Густафссон, я наблюдала за открывающейся передо мной картиной: прокажённый, оборванные мальчишки, рой мух, песок с валяющимися то тут, то там пустыми банками и гниющими фруктами. Над всем этим витал незнакомый запах, от которого меня немного мутило. Самым неподходящим названием для всего этого было Святая Земля.

Скоро мисс Густафссон вернулась с такси. Последовал длинный разговор на арабском языке между нею и водителем. Я поняла, что они спорили о цене поездки в Иерусалим. Они говорили так, как будто были сердиты. Я подумала, что дело может дойти до драки, но, в конце концов, они достигли соглашения. «Может быть, для арабского языка это нормальный разговор?» – спросила я саму себя.

Водитель погрузил мои вещи в багажник, и мы отправились в Иерусалим. Окрестности Тель-Авива мы покидали уже в сумерках. И снова, как это было в Марселе, резкое наступление темноты стало неожиданностью для меня. Только что сияло солнце, и вот, через несколько минут всё стемнело. Я обратила внимание, что как только начало смеркаться, улицы как будто вымерли. Даже когда мы проезжали крупные поселения, в которых были дома с обеих сторон, там никого не было видно.

Как только мы покинули Тель-Авива, больше не было никакого уличного освещения, даже в городах. Когда мои глаза привыкли к темноте, я увидела, что все окна защищены деревянными ставнями. Иногда сквозь щели в ставнях пробивались слабые лучи света, но этот слабый свет только усиливал, а не рассеивал, окружающую тьму. Я невольно сравнила это с яркостью и безопасностью любого, даже маленького, датского городка ночью, и сразу же заскучала по дому.

– Почему на улице никого нет? – спросила я.

– О, все сидят дома после захода солнца! – воскликнула мисс Густафссон, – ведь могут напасть и ограбить, или даже убить! – она засмеялась высоким нервным смешком.

– Разве здесь нет полиции для защиты населения? – спросила я.

– Полиция есть, по британскому образцу, и весьма надёжная, в колониальном смысле. Но если на вас нападут на улице ночью, они, скорее всего, сделают вид, что в этом виноваты вы сами, выйдя на улицу в столь неподходящее время! Наследство со времён турецкого владычества, – и снова этот напряжённый смешок!

Дорога начала подниматься вверх, и я стала различать тёмные очертания гор с обеих сторон. «Мы, должно быть, начинаем восходить в Иерусалим», – подумала я. Мое сердце начало биться немного быстрее. Спустя некоторое время дорога начала набрасывать петли, как будто постоянно складываясь вдвое.

– Эти повороты известны как «Семь сестёр», – объяснила мисс Густафссон, – мы уже недалеко от Иерусалима.

Я различала чёрный горный массив с одной стороны дороги, и отвесный обрыв в бездонную пропасть – с другой стороны. Водитель входил в повороты вдоль самого края дороги. Каждый раз, когда мы поворачивали, машина, источая гарь паленой резины, начинала истошно гудеть, скрипеть, раскачиваться и давать крен. Время от времени мисс Густафссон наклонялась вперёд к водителю.

– *Швоя, швоя!* – настойчиво повторяла она, – *швоя, швоя!*

Затем она повернулась ко мне и объяснила: «Это самое первое слово, которое вам нужно выучить, если вы едете на такси в этой стране. Оно означает «медленно» или «осторожно». Я повторила эту фразу несколько раз про себя, чтобы воспользоваться ей в будущем.

Я устала за этот день и начала дремать. Меня разбудила мисс Густафссон, которая сказала:

– Это пригород Иерусалима. – Я сразу же проснулась.

– Мы на Яффской дороге, – добавила мисс Густафссон, – Она приведёт нас прямо в центр города.

Воздух был тихий, а небо безоблачное. К этому времени можно было видеть месяц новолуния, который прибавлял немного света к сиянию десятков тысяч звёзд, и очертания домов были видны удивительно отчетливо.

– Как всё спокойно! – заметила я, – а дома кажутся такими основательными!

– Они действительно прочные, – ответила мисс Густафссон, – они построены из тёсаного камня. В черте города разрешается строить только из него.

Она наклонилась вперёд и что-то сказала водителю по-арабски.

– Я попросила его поехать немного другим путём, – объяснила она, – мы поедем в северную часть Старого Города и вдоль западной стены мимо Яффских ворот. Это будет хорошим началом вашего знакомства с Иерусалимом.

Чуть дальше, дорога стала шире.

– Площадь Алленби, – объяснила мисс Густафссон, – вон та тёмная масса камня прямо перед нами – стена Старого Города.

Я напрягла зрение, чтобы рассмотреть ряды тёсаного камня, поднимающиеся в виде изломанной линии на фоне ночного неба. Такси сделало крутой поворот вправо, и примерно четыреста метров мы ехали вдоль тёмной стены слева от нас. «Какое странное сочетание тишины и силы, – подумала я, – начинаешь чувствовать себя почти захватчиком».

Мисс Густафссон коснулась моей руки и показала налево:

– Слева от нас Башня Давида, – сказала она, – там Яффские ворота. Но, конечно, после захода солнца они закрыты.

Вскоре после этих ворот такси повернуло направо, проехало через мост и две или три возвышенности.

– Это Талбих – район, где я живу, – сказала мисс Густафссон. Она снова обратилась к водителю по-арабски.

Наконец, мы остановились перед узким прямоугольным зданием. Водитель выгрузил мой багаж на тротуар, и мисс Густафссон отсчитала немного денег в его руку.

Ни снаружи, ни внутри здания не было ни проблеска света, но мисс Густафссон свет был и не нужен. Подхватив мой чемодан, она направилась к массивной железной двери, находящейся на одном уровне с тротуаром. Я последовала за ней, обеими руками держа перед собой свой плетёный сундук.

Мисс Густафссон вытащила из сумки большой железный ключ и открыла дверь. Пошарив немного в коридоре, она нашла несколько спичек и зажгла керосиновую лампу. Держа лампу в левой руке, она повела меня в гостиную. На полу лежал потрёпанный коврик. Мебель была в викторианском стиле, тёмная и пыльная. Воздух был затхлый и отдавал каким-то неопределённым запахом, который напомнил мне комиссионный магазин.

– Моя спальня вон там, – сказала мисс Густафссон, показывая на полуоткрытую дверь в другом конце, – вам я постелю здесь на диване.

Она достала две узкие простыни и постелила их поверх дивана. Затем она накрыла их вылинявшим лоскутным покрывалом. Я ничего не ела и не пила с самого завтрака, и мне очень хотелось пить.

– Можно ли мне выпить стакан воды? – спросила я.

Мисс Густафссон посмотрела на меня, как будто я попросила что-то совершенно неуместное:

– Вода? – сказала она, – конечно нельзя! Вода заражена. Если вы её выпьете, вы заболеете.

Ну да ладно. Я так устала, что могла уснуть, невзирая на жажду.

– Может быть, открыть окно, – предложила я, – здесь так душно.

И снова мисс Густафссон бросила на меня такой взгляд своих чёрных глаз, который усиливал значение её слов:

– Открыть окно? – сказала она, – да ни за что! Вползут змеи!

У меня по спине пробежала дрожь:

– Разве здесь есть змеи?

– Конечно! И это ещё не всё!

В конце каждой ремарки раздавался этот странный, пронзительный смешок. Он начинал действовать мне на нервы. «Зараженная вода! Змеи, спрятавшиеся за окнами! – сказала я про себя, – что ещё?» Но мне было так неприятно, что я не стала задавать других вопросов.

Как только я вытянулась на диване, мисс Густафссон пошла в свою комнату, захватив с собой лампу. Я услышала, как через несколько минут она её погасила.

Я лежала в темноте, безуспешно стараясь не обращать внимания на блюдо, стоявшее на столе в углу комнаты, на котором лежал гранат. О, если бы я могла очистить его и сделать один-два глотка сока, то я бы продержалась до утра. Я украдкой встала с дивана и на цыпочках пошла к столу. Когда я протянула руку за гранатом, то зацепила рукавом своей ночной рубашки глиняную вазу на ближайшем углу стола. Она упала на каменный пол, с ужасным грохотом и разбилась на куски. Из дальней комнаты раздался душераздирающий крик, и через мгновение белый силуэт ночной рубашки мисс Густафссон появился на фоне чёрного дверного проёма её спальни.

– Воры! – кричала она, – Воры! Грабят!

– Нет, мисс Густафссон, – попыталась я её успокоить, – никто никого не грабит. Я пыталась подойти к столу и разбила вазу. Извините!

– О, это вы! – сказала она, – благодарение Богу! Я забыла, что вы здесь.

Она вернулась в свою комнату, а я продолжила шарить в темноте, пока не нашла этот гранат. У меня не было ножа, чтобы разрезать его, но я впилась ногтями в кожуру, и мне удалось разломать его при помощи ногтей и высосать немного кисловатого сока.

Я вернулась на цыпочках к дивану и легла. Хотя я и устала, но не могла расслабиться. Я думала о мисс Густафссон. Были ли её страхи реальными? Или же это были просто фантазии ума, как результат многолетней жизни в одиночестве в Иерусалиме? Сколько же выдержат мои нервы?

В то же время было совершенно ясно, что условия мисс Густафссон были рассчитаны только на одного человека. Её узкий, набитый соломой диван не мог заменить кровати.

Я начала непроизвольно молиться: «Господи! Если у Тебя есть ещё одно место – то, которое Ты выбрал для меня, пожалуйста, приведи меня туда поскорее!»

Но с чего же я могла начать поиски? Кроме мисс Густафссон, я не знала ни имён, ни адресов во всём городе. На меня опустилось облако тёмных эмоций – одиночество, тоска по родине, незащищённость – в придачу ко всему, усиленное затхлым воздухом гостиной мисс Густафссон.

Наконец, я заснула беспокойным сном. Но во сне я увидела себя, едущей в такси по дороге с сумасшедшими поворотами, преследуемая фигурой в белом, всё время кричащей: «Воры! Воры! Воры!»

7. Иерусалим

Утром я обратила внимание, что мисс Густафссон тщательно кипятила каждую каплю воды, которую мы пили. Но кофе, который она подала на завтрак, наконец, облегчил мою жажду. Я была намерена съехать с её квартиры как можно скорее, но не имела ни малейшего представления куда. Я вспомнила свою молитву накануне вечером. Действительно ли я верила в то, что Бог быстро покажет мне, где я должна жить?

— Мисс Густафссон, — сказала я, когда мы позавтракали, — мне нужно рассчитаться с вами за такси и другие вчерашние расходы. Не скажете ли, где я могу получить наличные за туристические чеки?

— Самое лучшее место – банк Барклая, – ответила она, — он находится на площади Алленби. Мы проезжали там вчера. Мне и самой нужно кое-что сделать там.

Когда мы отправились в банк, небо, на котором не было ни единого облачка, казалось дышало жаром. С самого начала я решила узнать, как можно больше о том городе, куда Бог привёл меня, хотя я всё ещё не знала, что Он приготовил для меня здесь.

— Как сухо и пыльно всё выглядит! – прокомментировала я.

— У нас не было дождя с апреля месяца, – ответила мисс Густафссон, — но на следующий месяц ожидаются сильные дожди – то, что в Библии называется «ранним дождём».

Примерно в пятидесяти метрах от нас на пустынном участке возле дороги паслось небольшое стадо овец и коз. За ними наблюдал опиравшийся на посох молодой человек в длинной белой тунике. От солнца его защищало красно-белое покрывало, закреплённый на голове при помощи чёрного шнура.

Этот молодой человек выглядел удивительно знакомым. Но я знала, что никогда не видела его раньше. Вдруг у меня захватило дыхание, и я остановилась, как вкопанная. Я вспомнила своё видение и мужчин на скале. Покрывало на голове молодого человека было пёстрым, а не чисто белым, и шнур был чёрным, а не золотым. Но во всех других деталях одежда была очень похожа. Мне было тяжело сдержать возбуждение. Это на самом деле была страна, которую Бог показал мне в видении!

— Это традиционное арабское одеяние, — сказала мисс Густафссон, заметив мой интерес, — большинство мужчин арабов всё ещё носят одежду в таком стиле, но некоторые начинают носить костюмы по западной моде.

Мы подошли к широкой дороге с указателем на одном углу: «ПРОСПЕКТ КОРОЛЯ ДЖОРДЖА V».

— Это главная улица, которая идёт с севера на юг через Новый Город, — сказала мисс Густафссон. Я обратила внимание, что в этом районе большинство людей были одеты по европейской моде. В радиусе пятидесяти метров я слышала отрывки разговоров на нескольких европейских языках, а также на одном или двух, которые звучали как восточные.

— Еврейские иммигранты, — объяснила мисс Густафссон, — их стало больше после войны, и это вызывает гнев арабов. Напряжённость всё время возрастает. Скоро будет взрыв.

Через десять минут мы попали на площадь Алленби. При ярком солнечном свете стена Старого города была менее грозной и таинственной, а пространство возле неё было заполнено шумной деятельностью. Но всё равно в ней была некая молчаливая и неизменная сила.

Когда мы вошли в банк, меня начали одолевать сомнения, какую часть своих туристических чеков мне следует обналичить. Мне было так досадно, что деньги таяли так быстро. Наконец, я обменяла сорок долларов на примерно десять палестинских фунтов. Я отдала четыре фунта мисс Густафссон (это около пятнадцати долларов) за такси и за другие расходы по путешествию в Тель-Авив и очень поблагодарила её за всё, что она сделала для меня. После этого у меня осталось наличными шесть фунтов (чуть меньше двадцати пяти долларов) и шестьдесят долларов туристических чеков. Надолго ли мне этого хватит?

Когда я сделала всё, что было нужно, мисс Густафссон занялась своим вопросом. У неё были какие-то проблемы с переводом из Швеции. Поджидая её, я вышла на ступеньки банка, чтобы понаблюдать за людьми на улице. Может быть, среди них будет женщина с кувшином на голове...

Почти сразу же я обратила внимание на женщину на противоположной стороне площади, стоявшую в тени стены. Она одной рукой поддерживала кувшин на голове. Эта самая? Я внимательно осмотрела все детали её одежды и внешности. Конечно, она была одета в том же стиле, но у неё не было шарфа вокруг бёдер. Кроме того, у женщины на скале был более светлый цвет лица, и она была намного моложе. Возбуждение смешалось с разочарованием. Несомненно, я попала в эту страну, но я ещё не видела той женщины.

– Простите, что заставила вас ждать! – сказала мисс Густафссон, подойдя ко мне через некоторое время, – мы вернёмся домой другим путём. Мне нужно посетить одну миссионерку в Абу-Тор, – она показала в направлении на юг. – Её зовут Лорна Ратклифф. Мы обе отвечаем за освежительные напитки и фрукты на ежемесячном миссионерском собрании.

Своей размашистой походкой мисс Густафссон направилась прямо с площади Алленби туда, где Яффская дорога поворачивала на юг вдоль западной стены Старого Города. Мне приходилось почти бежать, чтобы поспевать за ней. Скоро мы очутились в потоке людей и животных, который охватил всю ширину дороги. Ослики и верблюды, невообразимо загруженные мешками или плетёными корзинами, безжалостно толкали нас со всех сторон. Погонщики немилосердно подгоняли их палками и осыпали грубыми криками, похожими на проклятья. Часто можно было видеть мужчин, согнувшимися под весом грузов, которые я бы сочла излишне тяжёлыми и для осла.

– Это дорога на рынок Старого Города, – сказала мисс Густафссон.

В этот момент тюк, навьюченный на спину проходящего мимо осла, так сильно толкнул меня в спину, что я чуть не упала.

– Видно, принцип «пропустите вперёд женщину» не действует в этой части земного шара, – сказала я.

– О, да! – фыркнула мисс Густафссон, – всё как раз наоборот. Видите того мужчину с тростью в руке, а позади него женщину с большим узлом на голове? Вот какой порядок в этой стране! Мужчина беззаботно идёт впереди, а женщина следует за ним, неся всё!

– Почему у неё эта чёрная вуаль на лице? – спросила я.

– Потому что она мусульманка, – ответила мисс Густафссон, – считается неприличным, если мусульманская женщина показывает своё лицо посторонним людям.

У дороги стоял мужчина с большим медным кувшином, прикреплённым к спине. Через плечо у него выступал длинный, изящный носик кувшина. В одной руке мужчина держал металлическую чашку, а в другой две маленькие медные тарелки. Он постоянно стучал этими тарелками. Этот громкий металлический звук рекламировал его присутствие. Одновременно он кричал:

– *Мойя баридех! Мойя баридех!*

– Холодная вода, – объяснила мисс Густафссон, – он продаёт питьевую воду.

В этот момент к мужчине с кувшином подошёл покупатель. Продавец быстро наклонился вперёд и ловко налил в металлическую чашку тонкую струю воды, которую он выталкивал из кувшина движениями своего тела. Затем он дал чашку покупателю и в обмен получил немного маленьких монет. Я посмотрела, вытрет ли он чашку для следующего клиента, но этого не случилось. Вообще сама идея продажи воды была для меня совершенно новой. Это придавало дополнительный смысл Христову обещанию дать всем, кто жаждет, *«воду жизни даром»* (Откровение 22:17).

Когда мы дошли до Яффских ворот, большая часть людей свернуло в Старый Город. Мы немного подождали, наблюдая, как они устремляются через ворота подобно потокам полноводной реки, сдерживаемой узким проливом. Затем мы направились на юг, оставив справа неглубокий водоем, наполненный коричневой водой. Мисс Густафссон на минуту обернулась назад и показала на южную стену Старого Города:

— Это гора Сион, — сказала она, — но, конечно, Сионом часто называется весь город. Это название берёт своё начало с дней Давида.

Примерно через четверть мили мы повернули налево и начали подниматься по довольно крутой пыльной дороге к группе строений.

— Здесь живёт мисс Ратклифф, — сказала мисс Густафссон, остановившись возле двухэтажного дома с плоской крышей. Она поднялась по небольшой лестнице и громко постучала в железные двери. Дверь открыла смуглая женщина в длинном, закрытом платье, из-под ниспадающих свободных складок которого выглядывали её босые ноги. Она обменялась приветствием на арабском языке с мисс Густафссон и провела нас через широкий вестибюль в комнату, обстановка которой напоминала одновременно и офис, и гостиную.

Из-за деревянного письменного стола поднялась невысокая седая женщина и поздоровалась с нами. На вид ей можно было дать лет шестьдесят. На ней было платье с длинными рукавами из тёмно-серой ткани, которое полностью закрывало её от шеи до щиколоток. Единственным исключением из серого цвета, был накрахмаленный белый воротничок и белые манжеты.

Мисс Густафссон представила нас друг другу:

— Мисс Ратклифф, познакомьтесь с мисс Кристенсен. Она только что приехала из Дании.

— Из Дании? Что привело вас в Иерусалим из таких далёких краёв? — голос мисс Ратклифф был мягким, но удивительно глубоким, — вы — миссионерка?

– Ну, не совсем. Но я верю, что Бог привёл меня в Иерусалим для какой-то цели...

Я подождала, думая о том, прозвучало ли это столь же глупо для мисс Ратклифф, как для меня самой.

– Где вы остановились – в гостинице или у друзей?

– Мисс Густафссон очень любезно предложила мне провести эту ночь у неё на диване, но у меня ещё нет своего жилья.

Глаза мисс Ратклифф оценивающе посмотрели на меня.

– У меня есть комната в полуподвальном этаже, которая сейчас свободна. Не хотите ли взглянуть?

Как во сне я проследовала за мисс Ратклифф вниз по лестнице, ведущей в цокольный этаж. Она открыла дверь и провела меня в большую комнату с каменными стенами и полом. Я остановилась на пороге и быстро оценила обстановку. Для этого не потребовалось много времени. Стены и пол были совершенно голыми, но за двойной деревянной дверью в углу угадывалась кладовка. Вся мебель состояла из четырёх предметов – кровати и тумбы слева, и стола и стула справа. В дальнем конце была железная дверь, а слева от двери окно с массивной решёткой, через которую я увидела очертания каменной лестницы.

Когда я осматривала эти детали, меня наполнило тёплое чувство, это было точно такое же ощущение, которое было у меня в Корсоре, когда я начала молиться о поездке в Иерусалим. Говорил ли мне Святой Дух: «Горячо!»?

Внутреннее тепло странно контрастировало с голыми стенами вокруг меня. Было ли это на самом деле то место, которое Бог приготовил для меня? Я вспомнила свою молитву накануне вечером. Я просила Бога показать мне, куда направиться – и поскорее. Если это был Божий ответ, то он пришёл гораздо быстрее, чем я ожидала.

Мои мысли прервал голос мисс Ратклифф:

– Та железная дверь ведёт во двор, из которого есть лестница на улицу. Таким образом у вас будет отдельный вход, и вам не нужно будет проходить через дом.

– Мисс Ратклифф, – ответила я, – всё произошло так неожиданно, что у меня нет слов.

– Почему бы вам не помолиться немного, прежде чем вы примете решение? – сказала она и тут же удалилась.

Оставшись наедине, я склонилась возле кровати и попросила Бога о ясном водительстве. Непроизвольно я представила себе свою гостиную в Корсоре – зелёное бархатное кресло, уилтоновский ковёр, пианино из орехового дерева, тяжёлые парчовые шторы. Каменный пол, на который опирались мои колени, только усиливал контраст с моей нынешней ситуацией. Что же Бог имел в виду?

Я не могла найти ответ на этот вопрос, но, тем не менее, чувствовала внутри себя странное, успокаивающее тепло. Я вспомнила то решение, которое я приняла в гостинице в Марселе. Я больше не буду опираться на свой собственный рассудок в выборе пути. Я просто вложу свою руку в Божью и позволю Ему вести меня шаг за шагом.

– Отче, – сказала я, – если Ты привёл меня в это место, тогда я довольна этим.

Как только я произнесла эти слова, всё мои внутренние вопросы прекратились. Я знала, что я там, где Бог усмотрел. Я поднялась на ноги и вернулась в гостиную, чтобы принять предложение мисс Ратклифф.

– Превосходно, мисс Кристенсен, – ответила она, – когда вы хотите переехать?

Прежде, чем я успела ответить, вмешалась мисс Густафссон:

– Она может переехать прямо сегодня. Мы сразу же вернёмся ко мне домой, и привезём её вещи. Их у неё немного.

К четырём часам дня я перебралась в комнату мисс Ратклифф. Несколько моих платьев висели с одной стороны кладовой. На полках с другой стороны разместились мои немногочисленные кухонные принадлежности. Остальная моя одежда и вещи легко уместились в видавшей виды тумбочке. Мягкое жёлтое покрывало придавало более гостеприимный вид чёрному железу спинки кровати. Мой плетёный сундук, теперь пустой, стоял у окна и служил ещё одним предметом мебели.

Кто-то из прежних жильцов оставил ржавый железный гвоздь в стене над кроватью. Там можно было повесить календарь с изображением пастуха, подарок Кристин Сондерби.

При наступлении темноты мисс Ратклифф подошла к моей двери с зажжённой керосиновой лампой.

– Это вам понадобится, – сказала она, – пока вы не купите свою собственную, тогда и вернёте.

Она поставила лампу на стол и села на стул.

– Расскажите мне поподробнее, как вы приехали в Иерусалим, – попросила она.

Я уселась на плетёный сундук и начала рассказывать ей, как Христос явился мне в Дании и как я, в конце концов, отказалась от своего места преподавателя и поехала в Иерусалим.

– Даже сейчас, – сказала я в заключение, – я не знаю, что Бог хочет здесь от меня.

– И я приехала в Иерусалим десять лет назад, не зная, что меня здесь ждёт… – ответила мисс Ратклифф. Она описала, как постепенно выросло её служение – воскресная школа, Библейский класс для женщин, евангелизация в тюрьмах, а также среди британских солдат и полицейских. Она остановилась, чтобы поправить лампу, и её лицо моментально осветилось бликами. Тонкая сеть крошечных морщин свидетельствовала о многолетнем пребывании на солнце.

– Это были трудные десять лет, – сказала она, – с головной болью и разочарованиями. Но ведь Сам Господь предупредил нас, чего ожидать, когда сказал: *«Иерусалим, Иерусалим, избивающий пророков и камнями побивающий посланных к тебе!»* (Евангелие от Луки 13:34). Воистину, другого такого города, как Иерусалим, нет.

– Означает ли это, что вы сожалеете о своём приезде сюда?

– Нет, мисс Кристенсен, я ничуть не жалею. Невзирая

ни на что, Иерусалим сам по себе является наградой. Он требует, чтобы вы любили его настолько, что никакие страдания или разочарования или опасности не могли изменить вашей любви к нему.

Она улыбнулась.

– Вот почему псалмопевец сказал: *«Если не поставлю Иерусалима во главе веселия моего»*.

Когда мисс Ратклифф, наконец, собралась уходить, я удержала её.

– Вы мне не сказали одного, – сказала я, – сколько я буду платить за комнату?

Мисс Ратклифф посмотрела на меня с испытывающей улыбкой:

– Скажем, восемь долларов в месяц?

Когда она ушла, я положила свою Библию на стол под лампу и начала листать книгу Псалмов. Я хотела сама прочитать те слова, которые процитировала об Иерусалиме мисс Ратклифф. Наконец, я нашла их: *«Если я забуду тебя, Иерусалим, забудь меня, десница моя; прилипни язык мой к гортани моей, если не буду помнить тебя, если не поставлю Иерусалима во главе веселия моего»* (Псалом 136:5-6).

Я закрыла Библию и осмотрелась по сторонам. Голая суровость стен немного смягчалась тенями. Казалось, что на комнату сошёл глубокий мир. Это был мой новый дом! Как я была благодарна, что оказалась здесь! Я склонила голову для молитвы.

– Благодарю Тебя, Господи! – сказала я, – благодарю Тебя, что я здесь, в Иерусалиме!

На следующее утро мисс Ратклифф пригласила меня позавтракать вместе с ней. Когда мы ели, она начала мне советовать, как лучше устроиться.

– Прежде всего, арендуйте свой собственный почтовый ящик, – сказала она, – доставка почты по уличному адресу ненадёжна. Затем вам понадобятся продукты и примус.

– *Примус?* – спросила я, – а это что такое?

– Это маленькая плита, которая работает на керосине.

Им пользуется для приготовления пищи большинство живущих в Иерусалиме.

Мисс Ратклифф взяла медный колокольчик, который стоял возле её тарелки, и позвонила два или три раза. Позади неё открылась дверь, вошла женщина и встала возле её кресла. Это была та же самая смуглая женщина, которая открыла дверь вчера.

– Это Мария, – сказала мисс Ратклифф, – она плохо понимает по-английски, но я скажу ей, куда вас повести и что вам нужно купить.

Она повернулась и заговорила с Марией по-арабски.

– Я попросила её вначале повести вас на почту, – объяснила мисс Ратклифф, – затем вы пойдёте к Дамасским воротам и вернётесь через Старый Город. Там, на рынке, вы сможете подобрать себе всё необходимое. Мария поможет вам распорядиться деньгами.

Через пять минут мы с Марией уже шли к центру Иерусалима. На макушке головы Марии было небольшое кольцо из плотно скрученной ткани, на котором стояла пустая круглая корзина из тростника. Я ещё раз вспомнила своё видение и женщину с кувшином на голове. Очевидно, так арабские женщины без всякого усилия носили груз на своей голове.

Мария знало очень мало слов по-английски, но она смогла показать мне самое интересное. Мы пошли тем же путём, которым мисс Густафссон и я шли накануне по Яффской дороге в северном направлении. На площади Алленби мы повернули направо и попали на почту, где за четыре доллара я арендовала почтовый ящик на целый год вперед. Продолжая идти на восток вдоль северной стены Старого города, мы пришли к широким воротам с аркой перед просторной площадкой, вымощенной булыжником.

– Дамасские ворота, – сказала Мария.

Перед воротами были расположены группами животные: овцы, ослы и верблюды. На некотором расстоянии, по обе стороны, стояли деревянные прилавки с рядами открытых мешков. В одной части в мешках были разные виды муки грубого помола. Далее шли мешки с рисом, сахаром и чечевицей. Другие прилавки были загромождены дровами или древесным углём.

Возле одной из каменных колонн ворот стоял мужчина с закреплённой за спиной большой плетёной корзиной. Мария помахала ему, и он пошёл за нами через ворота. Вскоре мы оказались в лабиринте узких мощёных улиц, которые тянулись между рядами магазинчиков. Иногда улицы проходили сквозь каменные арки; в других местах выступы на стенах стоящих напротив друг друга домов почти смыкались над улицей. Внизу преобладала искусственная полутьма. Я не могла себе представить, чтобы кто-то мог ориентироваться во всём этом, но Мария чувствовала себя здесь как дома.

В каждом квартале была своя собственная продукция. Одну часть улицы занимали жестянщики и прочие мастера по металлу. Дальше были сапожники. В одном месте висели самые разные коврики и ковры, в другом месте продавали фарфор, стекло и керамика. Мы прошли через длинный проход с фруктами и овощами, а потом с разными видами свежего мяса. Над мясом роились тучи мух, но, как казалось, никто и не думал отгонять их.

Когда я стояла перед мясной лавкой, поджидая Марию, мимо меня прошёл мужчина с бочкой и опрокинул на каменный пол груду овечьих голов, только что снятых и освежёванных. Не успела я переварить это зрелище, как пришёл ещё один мужчина с большей бочкой, в которой были туши овец. Я засомневалась в том, что с этого момента смогу есть баранину и получать от этого удовольствие.

На одном углу Мария показала на улицу, где почти никого не было видно.

– *Яхуд!* – сказала она, – евреи!

Она положила свою голову на руки, как будто отдыхая. Я поняла, что это была суббота, и евреи праздновали свой *шаббат*.

Но во всех других районах было шумно и оживлённо. Люди и животные шли нескончаемым потоком в обоих направлениях по узким уличным проходам. В магазинах покупатели шумно торговались с продавцами, внимательно следя, как те отвешивали товар на металлических весах, подвешенных к потолку. В дополнение к звукам незнакомого языка воздух был наполнен странной смесью резких запахов – иссопа, перца, жареного кофе, жира, свежеиспечённого хлеба, чеснока (которым разило ото всех), потом людей и зверей, а также испражнениями неисчислимого количества животных. Это было слишком для моих органов чувств.

Я обратила внимание, что нигде не было ярлыков с ценами. Перед каждой покупкой Мария оживлённо торговалась, прежде чем дать деньги. Если ей не нравились цены в одном магазине, она шла в другой. Сама идея торговли из-за дюжины яиц или килограмма картофеля была непривычна для меня. Ясно, что времени здесь не придавали значения. Человек с корзиной терпеливо следовал за нами от одного прилавка к другому. После того, как была сделана очередная покупка, он наклонялся вперёд, и Мария складывала в корзину свои покупки.

Наконец, все мы вышли на более свободное пространство, которое вело к высоким железным воротам, которые Мария назвала Яффскими. К этому времени корзина на голове мужчины была полной. Внизу, хотя и скрытая плетением корзины, была видна канистра с керосином на пятнадцать литров. Поверх были сложены разные бакалейные товары: помидоры, огурцы, картофель, чёрные маслины, брынза, бумажный кулёк с сахаром, к тому же там были какие-то овощи, которых я никогда раньше не видела. Сверху был примус, совок, большая коробка со спичками и три стеклянных бутылки: с молоком, оливковым маслом и метиловым спиртом. А на самом верху красовалась метла, черенок которой скрывался где-то между продуктами. К тому же, у Марии на голове была корзина с плоскими круглыми лепешками и дюжиной мелких яиц. В руках она несла горелку и стеклянную колбу керосиновой лампы. Моя часть в общем грузе была незначительная, но очень важная для меня – ключик от моего только что арендованного почтового ящика, который я надёжно спрятала в свою сумку. Посреди всей этой новизны этот ключик каким-то образом связывал меня с Данией.

Пройдя через Яффские ворота, мы снова оказались на солнцепёке. Мне потребовалось несколько минут, чтобы привыкнуть к блеску пыли и камней. Пройдя несколько метров по дороге, я обернулась и проследила стену Старого Города на север. Я не знала, что стена была такой многоцветной. Камни самих Яффских ворот были разных серых оттенков, но камни в стене на север от них были нежного коричневого цвета, который на солнце отливал тёплыми полутонами.

Когда мы вернулись в дом мисс Ратклифф, носильщик проследовал за нами вниз по каменной лестнице во двор, где он терпеливо стоял нагнувшись, пока Мария доставала свои покупки из его корзины. Затем пришло время шумному обсуждению между ним и Марией, которое меня уже не удивляло. Они, очевидно, обсуждали, сколько же ему причитается за труды. Наконец, они достигли соглашения, и он ушёл, спрятав деньги где-то в складках своей свободной одежды. У меня сложилось впечатление, что он был доволен той суммой, которую получил, но не хотел этого показывать.

Я тепло поблагодарила Марию за помощь и занялась сортировкой купленного добра. Маленькие предметы были поставлены на полки; более крупные я разместила как можно аккуратнее на полу возле кладовой. Наконец, я взяла свою новую метлу и подмела пол.

Мисс Ратклифф кратко пояснила мне, что палестинские деньги основаны на десятичной системе. Фунт состоял из ста пиастров, а пиастр, в свою очередь, из десяти мильем. Когда я привела свою комнату в порядок, я подсчитала, сколько же я потратила:

Бакалея:	89 пиастров (примерно 3,56 доллара)
Керосин:	28 пиастров
Спирт:	6 пиастров

Лампа:	47 пиастров
Примус:	62 пиастра
Метла и совок:	16 пиастров
Услуги носильщика:	15 пиастров
ИТОГО:	263 пиастра
	(примерно 10,76 долларов)

После этого у меня осталось примерно четырнадцать долларов в палестинской валюте и шестьдесят в виде туристических чеков. Я начала подсчитывать, насколько же мне этого хватит, но потом решила, что это напрасная трата времени. Мои ресурсы скоро явно исчерпаются. Одной или двумя неделями позже – какое это имеет значение?

После полудня пришла мисс Ратклифф, чтобы посмотреть, как у меня дела. Я воспользовалась этой возможностью, чтобы расспросить её о водоснабжении, упомянув то, что узнала о заражённости воды от мисс Густафссон.

– Ну, ситуация вовсе не настолько ужасна, – ответила мисс Ратклифф с улыбкой, – в Иерусалиме всегда была проблема с водой. Сегодня вода подается в некоторые районы города. Но почти во всех домах, построенных во время турецкого владычества, имеются подземные цистерны, в которые собирают дождевую воду с крыши. Так дело обстоит и у нас. Мне кажется, что за все эти годы мой желудок привык к этой воде – как бы там ни было, но я обычно не кипячу воду.

Чуть позднее Мария преподала мне первый урок обращения с примусом. Сначала она наполнила ёмкость керосином. Затем она налила метилового спирта в желобок наверху и подожгла его. Несколько энергичных движений нагнетательным насосом – и керосин, поднявшись вверх по вертикальной трубке, через отверстия в головке соединился с огнём метилового спирта – и появилось яркое голубое пламя, которое горело с постоянным шипящим звуком.

В тот вечер я в первый раз приготовила еду на примусе – сварила два яйца. Другими элементами моего меню стали салат из латука, помидоров и огурца, лепешка хлеба из муки грубого помола, немного брынзы, несколько маслин и чашка горячего чая. Я смягчила свой хлеб, обмакнув его в оливковое масло, но я не смогла убедить себя в том, что оливковое масло сможет когда-нибудь заменить мне хорошее датское сливочное масло!

Поев, я убрала со стола, и при свете моей новой лампы, разложила свою Библию и карту Иерусалима. Прежде всего, я внимательно изучила тот маршрут, которым мы в тот день прошли с Марией – до западной стены Старого Города, вдоль северной стены, через Дамасские ворота, затем на запад к Яффским воротам, и обратно вдоль западной границы Геенской долины.

После этого я открыла книгу Псалмов и начала искать стихи, в которых говорилось об Иерусалиме. Меня поразили следующие слова: *«Ты восстанешь, умилосердишься над Сионом... ибо рабы Твои возлюбили и камни его и о прахе его жалеют»* (Псалтирь 101:14-15).

Камни и пыль! Как реальны эти слова стали для меня! Но как можно было влюбиться в такие вещи?

Я снова остановилась: *«Вот, стоят ноги наши во вратах твоих, Иерусалим»* (Псалтирь 121:2). В то утро мои ноги сделали именно это!

«Просите мира Иерусалиму, – продолжал псалмопевец, – *да благоденствуют любящие тебя»* (6 стих). Как много народ Божий в те дни говорил о своей любви к Иерусалиму! Отношение к городу было глубоко личным – почти такое, как у ребёнка к матери, или молодого человека к невесте.

Позднее, когда я склонилась в молитве перед тем, как ложиться спать, мой ум снова вернулся к этой теме: «Благодарю Тебя, Господи, что Ты привёл меня в Иерусалим, – снова сказала я, – не понимаю, почему я здесь, и не чувствую себя достойной. Но, пожалуйста, помоги мне полюбить этот город, как его любили Твои слуги на протяжении веков».

8. Моё место

Следующий день был воскресеньем. Я пошла на утреннее собрание у мисс Ратклифф, которое проходило в длинной узкой комнате на первом этаже. Присутствовало примерно двадцать пять человек, большинство из которых были женщины и дети. Группа детей спела несколько живых песен на арабском. Одну из них я узнала как арабский вариант «Иисус любит меня! Это я знаю». Затем британский полицейский в форме рассказал о важности ежедневного чтения Библии. На арабский его переводил араб, который тоже, наверное, был полицейским.

В тот день я написала длинное письмо матери, описав своё путешествие и мои первые впечатления об Иерусалиме. Я решила, что с тех пор буду обязательно писать ей, по крайней мере, каждую неделю. Я также написала письма Вальборг, Кристин Сондерби и пастору Расмуссену, указав свой новый адрес.

В последующие дни я начала разрабатывать такой образ жизни, который соответствовал моим новым условиям. Понимая свою нужду в более систематическом ежедневном чтении Библии, я разделила Библию на три главные раздела: исторические книги, от Бытия до Есфири; поэтические и пророческие книги, что охватило весь Ветхий Завет; и Новый Завет. Каждое утро я начинала с чтения Нового Завета; в середине дня я читала из исторических книг, а вечером я заканчивала день поэтическими или пророческими книгами.

Вдобавок, я подобрала те темы, которые соответствовали моей новой ситуации: город Иерусалим; сила молитвы, разные формы служения Богу – так как я искала предназначенное именно для меня служение в Иерусалиме, и до того времени Бог направлял меня главным образом через мои молитвы. Для каждой темы я подобрала карандаш определенного цвета: синий – для Иерусалима, зелёный – для молитвы, красный – для служения; чтобы подчёркивать каждый отрывок соответствующим цветом. В конце дня я сравнивала отрывки, подчёркнутые одним цветом из трёх главных разделов Библии, и меня поражало, насколько они взаимно дополняли друг друга.

Ещё одной из моих нужд было усовершенствование моего английского. Я решила, что могу соединить это с чтением Библии. Я положила рядом две Библии, и читала сначала на датском, а затем на английском. Как только я чувствовала, что освоила новый этап, я пыталась опробовать это с мисс Ратклифф. Время от времени я вызывала улыбку на её лице, говоря, что я *опоясалась* в своё пальто или *воспламенила* свой примус, а когда я однажды сказала ей, что *радость задвигалась в моих внутренностях*, она громко рассмеялась!

К тому же, я решила уделять время для молитвы о моих бывших школьных коллегах в Корсоре. Вспоминая, как они собирались каждый день в общей комнате во время перерыва для утреннего кофе, и, учитывая разницу во времени, я решила молиться о них именно в это время, прося Бога, чтобы Он показал им Себя настолько же реально, как и мне.

Вскоре мисс Ратклифф заговорила со мной о необходимости изучения местного языка.

– Чем скорее вы начнёте изучать язык страны, тем лучше, – сказала она.

– С какого языка вы бы посоветовали мне начать? – спросила я.

– Не имеет смысла учить иврит – на нём почти никто не говорит, – ответила мисс Ратклифф, – евреи, родившиеся здесь, говорят в основном на арабском. Те, которые иммигрировали из других стран, говорят на своём родном языке и на какой-нибудь разновидности идиша. Больше всего вам пригодится арабский. Женщина, которая играла в воскресенье на пианино – преподаватель.

Я договорилась с этой арабской женщиной о занятиях за два доллара в неделю, пять раз по одному часу. После первых двух недель я была готова всё бросить. Некоторые звуки, особенно гортанные, не были похожи ни на какие другие звуки ни в моём родном языке, ни в каком другом языке, который я когда-либо слышала. Моё горло болело от попыток произносить их. Написание также было невообразимым, справа налево, с тремя разными вариантами каждой буквы в зависимости оттого, где они встречались – в начале слова, в середине или в конце. Слова также были ужасно трудными. Моя учительница сказала, что в арабском языке есть примерно сорок слов для описания верблюда. Мне казалось, что до конца своей жизни я не смогу выучить такой язык!

Посреди всех моих мук с арабским, я неожиданно получила помощь и поддержку. Кроме Марии, была ещё одна пожилая слепая арабка, по имени Нижмех, которая тоже жила у мисс Ратклифф. Общаясь со многими миссионерами, Нижмех прилично выучила английский. Она регулярно читала английскую Библию для слепых, напечатанную шрифтом Брайля, и восторженно цитировала её наизусть своим сухим, сипловатым голосом. Подобно многим слепым людям, она компенсировала свою слепоту повышенной чувствительностью в других сферах жизни.

Не имея ничего, кроме своей короткой трости, Нижмех постоянно ходила в Старый Город и проводила там час или два. У неё был талант заводить разговоры с людьми, и почти всегда ей удавалось поделиться с ними своей верой во Христа.

– Я называю это моей рыболовной снастью, – объясняла она, – я стараюсь исполнять слова нашего Господа – быть ловцом людей.

У Нижмех было и время, и терпение, чтобы помочь мне в изучении арабского. Каждый день, после того, как моя учительница уходила, Нижмех заставляла меня повторять с ней новые слова и фразы до тех пор, пока моё произношение не удовлетворяло её. Часто мне приходилось повторять одно слово двадцать или тридцать раз прежде, чем Нижмех восклицала: «Эль-хамд иль-Аллах!» – «Благодарение

Богу!» – что свидетельствовало о хорошем результате.

Часто я сопровождала Нижмех в её «рыболовных походах» до самых Яффских ворот, а затем шла сама по себе, изучая территорию за стенами Старого Города, заглядывая на почту, – а вдруг там письмо из Дании. Но ящик всегда оказывался пуст. Не один раз я видела женщин, похожих на ту из моего видения, но ещё ни разу не видела именно ту женщину. Я пришла к выводу, что не имело смысла слишком много думать о ней. Если Бог предусмотрел, чтобы я встретила её, то Он всё устроит так, как Ему это угодно, и в назначенное Им время.

Однажды, возвращаясь с такой прогулки, я встретила еврейское погребальное шествие. Впереди шли четыре мужчины, неся носилки, на которых лежало тело, завёрнутое в молитвенную шаль с кисточками. Плачущие плелись позади. Сначала шли мужчины, одетые в чёрное, в чёрных шляпах с широкими полями. Позади них шли женщины с растрёпанными волосами, спадающими на лицо. Они, не переставая, кричали изо всех сил. В глазах, как мужчин, так и женщин, был застывший пустой и безнадёжный взгляд. Я никогда не видела, чтобы у людей был такой ужас от смерти... Как им нужно было знать Того, Кто сказал, стоя у могилы Лазаря: *«Я есмь воскресение и жизнь!»* (Евангелие от Иоанна 11:25).

Наконец, после почти трёхнедельного пребывания в Иерусалиме я получила письмо от мамы. Мои руки дрожали, когда я открывала его. Я прочитала его, даже не успев закрыть свой почтовый ящик. Мама сообщала все местные новости. Инге, дочка местного почтмейстера, вышла замуж за американского матроса. Ханс Питер, мой друг детства, получил место управляющего местным банком. Когда я подошла к последней фразе, мои глаза наполнились слезами. Мама подписала: «Твоя любящая и молящаяся мама».

Возвращаясь в тот день домой с почты, я зашла в книжный магазин и купила себе Библию на арабском языке. Теперь на моём столе бок о бок стояли три Библии на разных языках: на датском, на английском и на арабском. Однажды я с гордостью сказала Нижмех, что прочитала свой первый Библейский стих на арабском.

– Что это был за стих? – спросила она.

– Первый стих Евангелия от Иоанна.

– Сколько времени у тебя ушло на это?

– Примерно два часа.

– *Эль-хамд иль-Аллах!* – прокомментировала Нижмех.

Однажды утром в середине ноября, спустя только месяц после моего прибытия в Иерусалим, я проснулась со странным ощущением, что мир вокруг меня изменился. Была слышна непрестанная барабанная дробь. Сначала я не поняла, что изменилось. Затем меня вдруг осенило – это шёл дождь! Я могла видеть его сквозь железные решётки своего окна.

Несколько минут я стояла возле окна в изумлении, не в состоянии отвести взгляда от дождя. Он падал не каплями, а сплошным потоком, заполняя всё видимое пространство. Это в первый раз я увидела дождь с тех пор, как приехала в Палестину. Это был долгожданный «ранний дождь», прервавший засуху, которая стояла с апреля. Дождь шёл без перерыва весь день и всю ночь. Температура в моей комнате упала на двадцать градусов. Стены и пол покрылись влагой. Когда я провела по ним пальцем, там остался след. Ночью я вынуждена была укрыться всеми одеялами, которые привезла из Дании, чтобы согреться, а во время утреннего чтения Библии мне пришлось накинуть на себя пальто.

Вспоминая свои прогулки по Старому Городу, я подумала об улице, где были выставлены разные нагревательные приборы. Когда дождь, наконец, перестал, я пошла на ту улицу, шагая по густой и пристающей к туфлям грязи там, где раньше была только пыль. Я изо всех сил старалась делать покупки, как Мария: ходя вдоль разных прилавков и спрашивая везде цену. Наконец, я нашла плитку, которая выглядела подходящей и предложила половину запрашиваемой цены. К моему удивлению, продавец сразу же согласился! Я поняла, что он предполагал, что я начну торговаться с гораздо более низкой цены.

Я взяла свою плитку за ручку и пошла домой. Проходя мимо носильщика с корзиной на спине, я чуть не соблазнилась воспользоваться его услугами. Но я быстро подсчитала в уме: 4,32 доллара были уплачены за плитку. После этого у меня осталось в кошельке 3 доллара и 30 долларов в виде туристических чеков. Я предпочла нести плитку сама!

В конце ноября я получила письмо от Вальборг:

В прошлое воскресенье я ходила в церковь пятидесятников, и пастор Расмуссен помолился за меня, и я заговорила на языках! Теперь я понимаю, почему вы были так счастливы – даже когда всё было против вас...

Вы ни за что не догадаетесь, у кого я сейчас работаю – у мисс Сторм. Она пришла ко мне месяц назад и попросила поработать у неё. Она постоянно спрашивает о вас и о том, что так поменяло вашу жизнь. По правде говоря, мне кажется, ей интересно, но она не хочет показывать это...

– Это означает, что теперь я должна молиться за Эрну Сторм в два раза больше, – прокомментировала я для себя самой.

Время от времени, по мере того, как мои деньги таяли, я подумывала о какой-нибудь работе. Может быть, есть какая-то школа, где я могла бы преподавать хотя бы на полставки. Но я вспомнила, что моя гостевая виза не является разрешением на работу. Может быть, мне попытаться поменять свою визу? Всякий раз, когда я начинала думать об этом, я теряла внутренний мир. Как я понимала, Святой Дух говорил мне: «Холодно». Если бы Бог хотя бы намекнул мне, что я должна делать!

Через две недели после письма от Вальборг я получила письмо, написанное незнакомым почерком и со штемпелем из Бейрута, в Ливане. Кто же мог написать мне из Бейрута? Я там никого не знала. Письмо было написано по-датски. Под заголовком «ДАТСКАЯ МИССИЯ НА БИБЛЕЙСКИХ ЗЕМЛЯХ» было следующее содержание:

Дорогая мисс Кристенсен!

Я узнала о Вас от г-на Педерсена, директора государственной школы в Корсоре. Он сказал мне, что Вы работали под его руководством в направлении домоводства, но теперь Вы в Иерусалиме.

Я пишу Вам, чтобы предложить должность заведующей кафедрой домоводства в нашей школе для девочек здесь в Бейруте. У нас примерно двести учениц, и мы бы хотели расширить кафедру домоводства. Нам кажется, что при надлежащем руководстве, это станет самой важной частью нашего служения народу Ливана.

Ливан – это очень красивая страна, с прекрасным климатом и пейзажем, несравнимым ни с чем в мире. Ваш труд будет оплачиваться согласно Вашей категории штатного сотрудника миссии. Возможно, это меньше той зарплаты, которую Вы получали в Дании, но достаточно для удовлетворения всех Ваших нужд здесь. А после десяти лет служения Вы получите право на пенсионное обеспечение.

Пожалуйста, внимательно подумайте об этом предложении, и дайте мне знать, как можно скорее.

Искренне Ваша,
Марта Дитлоффсен, директор.

Всякий раз, когда я читала слово «домоводство», моё сердце начинало биться быстрее. В конце концов, именно в этой области были сосредоточены мои интересы в течение такого долгого времени. Какая перспектива вести этот предмет для девочек в менее развитой стране! Мне начали приходить мысли, как приспособить и упростить методы, которые были так успешны в Корсоре. Может быть, Бог на самом деле открывал для меня возможности в Ливане? Я провела в Иерусалиме два месяца, но так ничего и не выяснила. Мои деньги почти на исходе, и во мне, как казалось, никто не нуждался.

Я перечитала письмо дважды от начала и до конца. Затем я вложила его в конец своей датской Библии. В последующие дни я не раз доставала его и перечитывала, но так и не знала, что ответить.

После первого обильного дождя, который ознаменовал начало зимы, погода стала более переменчивой. Дни были то яркими и солнечными, то ветреными и дождливыми. Временами дождь шёл без перерыва по восемь-десять часов. Однажды легкое выпадение снега напомнило мне, что до Рождества осталась всего одна неделя.

Я получила Рождественские открытки от моих обеих сестёр в Дании, от некоторых учителей в Корсоре и от других знакомых. От Сорена не было ни строчки. На это Рождество получила только один подарок – красивый голубой свитер, который мама сама связала для меня.

Это было первое Рождество, которое я должна была провести вне дома. Обычно я ожидала Рождество с чувством возбуждения и предвкушения, которое оставалось неизменным с самого детства. Но в этом году приближение Рождества наполнило меня смятением, чуть ли не дурным предчувствием. Мисс Ратклифф пригласила меня отобедать у неё в день Рождества, но для меня всегда настоящим праздником был сочельник. Как же я могла праздновать это сама в холодном, каменном полуподвале, без друзей или родственников?

Я присела и задумалась о своих финансах. Я обналичила свои последние туристические чеки несколько дней тому назад. Из этих денег я заплатила мисс Ратклифф за квартиру те восемь долларов, которые я была должна ей за декабрь. Я рассчиталась также со своей учительницей арабского языка. Купив бакалейные товары и керосин для моей лампы и плиты, я осталась с четырьмя долларами. По какой-то причине, которой я не могла объяснить себе, я чувствовала, что мне должно хватить денег на Рождество. Кто знает, что случится после этого?

Примерно в 16.30, накануне Рождества, я зажгла свою лампу и начала готовить на примусе свой Рождественский ужин: кусочек баранины, зажаренный на оливковом масле с картофелем и баклажанами, хотя я всё ещё не могла забыть те овечьи головы на полу в мясной лавке! На десерт у меня было сладкое, липкое печенье, которое называлось бакалави (пахлава), и которое я накануне обнаружила на рынке в Старом Городе. В конце я выпила чашку крепкого кофе. (Я научилась искусству варить кофе по-датски на примусе.)

Попивая кофе, я представила себе, как наша семья собирается дома. Я видела длинный обеденный стол, заставленный от одного края до другого всякими деликатесами, которые я любила с самого детства. Муж моей сестры Ингрид шагал от одного стула к другому, разливая тёмно-красное вино в хрустальные бокалы, в то время как на другом конце стола Кнуд, муж Кезии, снимал бумажные флажки с гусиной грудинки. Я попыталась представить себе маму, но не смогла. Мне так хотелось увидеть её лицо.

На меня накатилось то же самое чувство одиночества, которое я впервые испытала, стоя в Марсельском порту. Я попыталась сдержать слёзы, которые наворачивались мне на глаза. Усилием воли я убрала со стола и положила на стол свою датскую Библию. В тот вечер мне не хотелось читать по-английски, не говоря уже об арабском. Я хотела только свой родной язык.

Когда я открыла свою Библию, из неё выпало письмо из Бейрута. Мне не нужно было перечитывать его. Я могла повторить его наизусть: «Место преподавателя домоводства... Ливан – красивая страна... Вам будет достаточно для всех ваших нужд...» Был ли это тот труд, который Бог приготовил для меня – с Иерусалимом, в качестве подготовительной ступеньки для Бейрута?

Накануне вечером я закончила читать на Псалме 135. Я открыла следующий псалом и начала читать. Это был тот самый псалом, который я прочитала в свой самый первый вечер в этом подвале: *«Если я забуду тебя, Иерусалим, забудь меня десница моя; прилипни язык мой к гортани моей, если не буду помнить тебя, если не поставлю Иерусалима во главе веселия моего»* (Псалтирь 136:5-6).

Действительно ли я считала именно так? Если да, то

вопрос был решён. Я просила Бога показать мне то место, которое Он предназначил для меня – и Он это сделал. Это был Иерусалим, а не Бейрут, и никакой другой город на земле. Ничто не могло изитьме этого! Если это означало одиночество, или даже голодание, то тогда я буду голодать там, куда Бог поместил меня. Но я была предана Иерусалиму. Никакое личное желание или амбиция не могли помешать этому!

Разделаться с проблемой можно было только одним способом. Я достала бумагу и начала писать письмо Марте Дитлоффсен в Бейрут. Сначала я не могла найти подходящих слов, но постепенно они нашлись. Я поблагодарила её за письмо и заманчивое предложение, но объяснила, что Бог призвал меня в Иерусалим – и только в Иерусалим. В заключение я написала: «Я должна признать, что до сих пор не знаю, какой труд Бог предусмотрел для меня в Иерусалиме, но я могу лишь положиться на Него и подчиняться Ему, по мере того, как Он ведёт меня шаг за шагом».

Написав адрес и заклеив конверт, я положила его на тумбочку, чтобы взять с собой в следующий раз, когда пойду на почту. Затем я посмотрела вокруг себя. Ничего не изменилось, и всё-таки всё выглядело иначе. Простая деревянная мебель, каменный пол, решётчатое окно; как бы ни было просто и пустынно, но это было моё место! Я оказалась здесь, послушавшись Бога. Всё остальное не имело значения! Во мне ключом начала бить радость, которая, как я знала, была от Святого Духа.

Мой взгляд упал на метлу, стоявшую в углу. Я вспомнила, как однажды в Корсоре я танцевала с такой же метлой, и как Бог исполнил меня Святым Духом. Пол не нужно было подметать, но мне нужно было как-то выразить ту радость, которая бурлила внутри меня. Я взяла метлу и начала размахивать ею в направлении к двери, как бы подметая.

– *Прочь, сомнение!* – сказала я, взмахнув метлой над полом, – тебе здесь нет места! И тебе, *одиночество…* –

ещё одно движение метлой, – И *депрессия*, и *компромисс!* – ещё несколько взмахов, – Все прочь, все до единого! Больше никого из вас у меня не будет!

Я остановилась на минуту и опёрлась на метлу, чтобы отдышаться. Вдруг я вспомнила ещё кое-что:

– Прочь и ты, *жалость к себе!* – сказала я, взмахнув метлой в последний раз.

Затем я снова осмотрела комнату. «В конце концов, – сказала я сама себе, – первое Рождество было отпраздновано в хлеву. То, что есть у меня сейчас, просто роскошь по сравнению с тем!»

Мой взгляд упал на Библию, которая лежала открытой под лампой. Подойдя к столу, я взяла свой синий карандаш и осторожно подчеркнула стихи, которые я только что прочитала. Когда я дошла до последней фразы, я подчеркнула её два раза – «*...если не поставлю Иерусалима во главе веселия моего*».

9. Первое задание

Пятница после Рождества была серым и промозглым днём. Не успела я закончить свой ланч, как услышала чьи-то шаги по каменной лестнице, ведущей во двор. Я выглянула в окно и успела заметить пару ног в брюках. Тут же раздался стук в дверь. Открыв дверь, я очутилась лицом к лицу с бородатым мужчиной среднего роста лет тридцати. На нём был потрёпанный костюм в европейском стиле, а на голове традиционная еврейская ермолка (шапочка-кипа).

– Добрый день, – сказал он, – вы мисс Кристенсен?

От удивления я ничего не сказала и только кивнула. Откуда он узнал моё имя?

– Моя фамилия Кохен, – продолжил он, – Элиэзер Кохен. У нас с женой умирает дочь. Я пришёл, чтобы попросить вас взять ребёнка.

По-английски он говорил медленно и с трудом.

– Умирающий ребёнок? – сказала я, – но я не разбираюсь в детях. Откуда вы вообще узнали обо мне?

– Мы с женой верим в Бога. Мы молились: «Боже, покажи нам, что делать!» – Мужчина сложил свои руки как бы для молитвы и поднял глаза вверх.

– Сегодня утром моя жена встретила слепую женщину у Яффских ворот, и та сказала, что в Иерусалим приехала очень добрая мадам из Дании, и живёт она в подвале этого дома? Разве это не вы?

Нижмех! Но почему она дала моё имя этим людям? Вслух я сказала:

– То, что я приехала из Дании, правда, но я вовсе не медсестра или что-то в этом роде.

– А зачем вы тогда приехали? Разве не для того, чтобы помочь нам? – В голосе мужчины прозвучало отчаянье. Именно этот вопрос я задавала себе самой сотни раз: «Зачем я приехала?» Но разве Бог просил меня заботиться об умирающем ребёнке в этом голом полуподвальном помещении?

— Конечно, я не хочу быть бесполезной, — сказала я, — но я не в состоянии что-то сделать для вас. У меня нет места для вашего ребёнка – нет лекарств, нет еды и нет денег, чтобы купить всё это! Вам нужно отвезти ребёнка в больницу.

— Мы уже делали это, — ответил мужчина, — но её не взяли в больницу. Там сказали, что не могут ничем ей помочь. Её сестра-близнец умерла два месяца назад, и вот теперь пришла её очередь! Это повредило ум моей жены. Она не может больше выдержать это!

— Господин Кохен, — сказала я, — не в том дело, что я не хочу помочь. Я просто не знаю, что я могла бы сделать.

В этот момент я заметила выражение его глаз, точно такое же пустое и безнадёжное, как у тех людей в похоронной процессии.

— По крайней мере, дайте мне немного времени, чтобы помолиться об этом. Если я пойму, что могу сделать хоть что-то, то я приду к вам. Где вы живёте?

Он рассказал мне, как найти его дом, и я пообещала связаться с ним, если усмотрю какой-то способ, чтобы помочь им.

Мужчина неохотно собрался уходить. На середине каменной лестницы он повернулся и сказал:

— Пожалуйста, не ждите слишком долго!

Через несколько минут пришла моя учительница арабского, но мне было очень трудно сосредоточиться. В конце урока я заплатила ей те два доллара, что я была ей должна за неделю. Когда она ушла, я вывалила на стол содержимое своего кошелька и посчитала: восемьдесят шесть центов. Это всё, что у меня осталось!

Вскоре пришла Нижмех, чтобы повторить со мной урок арабского.

— Нижмех, ты встретилась с еврейкой возле Яффских ворот и сказала ей, что я возьму её ребёнка?

— Ну, я действительно встретила там одну женщину сегодня утром, которая по выговору походила на еврейку. Она сильно печалилась о своём ребёнке, и я рассказала ей о вас.

– Но, Нижмех, почему ты решила, что я могу помочь ей?

– Мисс Кристенсен, я много лет молилась, чтобы Бог послал кого-нибудь позаботиться о бездомных детях этого города. Я верю, что вы и есть этот человек.

Я с изумлением посмотрела на неё.

– Я, Нижмех? Но ведь в Иерусалиме наверняка есть приюты?

– Да. Большие детские дома. Но я не знаю ни одного такого места, которое я могла бы назвать домом, где ребёнок мог бы почувствовать, что его любят и не отвергают.

– Но, Нижмех, у меня нет места даже для одного ребёнка – нет денег, нет миссии, которая бы поддерживала меня...

Нижмех встала и стала на ощупь добираться к двери: «Я буду продолжать молиться». Вскоре я услышала, как она шла вверх по лестнице, постукивая своей тросточкой.

– Но это безумие, – сказала я сама себе, – даже в больнице отказались взять этого ребёнка. Что я могу сделать?

Раздумывая над этим, я вспомнила отрывок, который я подчеркнула сегодня утром. Я открыла свою Библию и нашла последнюю главу Послания Иакова. Пять стихов, с 14-го по 18-й, были подчёркнуты зелёным карандашом – цвет, который я использовала для молитвы. Одно предложение так и бросалось в глаза: *«И молитва веры исцелит болящего...»* (ст. 15). Говорил ли мне Бог, что молитва в состоянии спасти жизнь этого ребёнка, даже если все человеческие ресурсы исчерпаны?

Почти опасаясь ответа, который я могла получить, я склонила свою голову над столом и сказала: «Господи, пожалуйста, покажи мне, есть ли Твоя воля на то, чтобы я взяла этого ребёнка».

Последовало несколько минут тишины. Затем мне

вспомнилось одно единственное предложение из притчи Христа об овцах и козлах: *«Так как вы сделали это одному из сих братьев Моих меньших, то сделали Мне»* (Евангелие от Матфея 25:40). Слова были так ясны и понятны, как будто Сам Господь сказал их мне вслух.

Я посмотрела на часы – было почти четыре часа дня. Оставалось чуть меньше часа до начала наступления сумерек. Сегодня слишком поздно, чтобы искать дом г-на Кохена. Я пойду туда, как только рассветёт. Но я услышала ещё один голос – голос г-на Кохена, когда он повернулся и посмотрел на меня со ступенек лестницы: «Пожалуйста, не ждите слишком долго!»

Я подошла к окну, пытаясь решить, что же делать. Драгоценные минуты дня уплывали. Среди всех противоречивых мыслей, которые одолевали меня, я не могла избавиться от одной: если ребёнок умрёт сегодня вечером, то отвечать перед Богом буду я.

– Господи, помоги мне не подвести Тебя, – прошептала я. Затем я схватила своё пальто и начала подниматься по лестнице, застёгивая пальто на ходу.

Почти бегом я дошла до Яффских ворот и площади Алленби. Оттуда мне пришлось идти медленнее, отыскивая те ориентиры, которые г-н Кохен дал мне. Примерно через километр я прошла мимо большого здания справа, над которым развевался флаг Великобритании. Видимо, здание суда. Здесь должна быть улица направо. Ага, вот и она! Дом г-на Кохена был третьим слева.

Поднявшись по нескольким щербатым каменным ступеням, я постучала в дверь. В наступившей тишине я могла слышать своё собственное сердцебиение. Затем в замке повернули ключ, и дверь на несколько сантиметров приоткрылась.

– Кто это? Что вам нужно? – спросил мужской голос.

– Это я – мисс Кристенсен, – сказала я, – вы просили, чтобы я пришла.

Дверь открылась настежь. В дверном проёме стоял г-н Кохен в той же самой ермолке на голове.

– Наконец! – сказал он, – я подумал было, что вы не придёте!

Не говоря больше ни слова, он провёл меня в большую, еле освещённую комнату. Пол был выложен неотёсанными, плохо подогнанными камнями. Потолок был выгнут в турецком стиле в виде купола в центре. Влажный, холодный воздух в сочетании с затемнённым потолком-куполом и неровным полом создавал впечатление скорее пещеры, чем комнаты. На железной кровати сидела хрупкая женщина, скорчившись и с головой укутавшись в грубую чёрную шаль.

– Это моя жена, Хадасса, – сказал Кохен, – она не говорит по-английски.

Г-н Кохен прошёл к маленькой железной детской кроватке, которая стояла в дальнем углу.

– Это наш ребёнок, – сказал он.

Я наклонилась над кроваткой. Ребёнок был укрыт лишь рваным куском полотенца. Чёрные волосы только еще больше оттеняли восковой цвет лица. Я даже подумала, что она уже умерла. Но она открыла глаза и посмотрела на меня. В этих чёрных глазах было что-то знакомое. Где я это уже видела? Нет – это было невозможно.

Голос г-на Кохена прервал мои мысли:

– Ну что, вы берете её?

– Да, я возьму её, – ответила я, – у вас есть, во что её завернуть?

Г-н Кохен сказал что-то на языке, который я приняла за идиш, и женщина на кровати вдруг ожила. Сняв с себя шаль, она завернула в неё ребёнка. Где-то в кроватке она нашла бутылочку с небольшим количеством молока и засунула её в шаль с ребёнком. Затем она передала всё это в мои руки.

Я пошла к двери, а г-н Кохен пошёл вслед за мной. Я остановилась в дверях.

– Вы не сказали мне, как зовут ребёнка.

– Её зовут Тиква, – сказал он, – это означает надежда на иврите. Я запишу её имя на бумаге.

Из одного кармана он вытащил карандаш, а из другого помятый лист бумаги, который был похож на счёт. Встав на одно колено, он расправил лист на камне и написал на нём несколько слов.

– Мы вынуждены были продать стол, чтобы купить лекарство, – сказал он, не поднимая головы, – но оно совершенно не помогло!

Затем, вскочив на ноги, он засунул бумагу в шаль, рядом с бутылкой.

Ни медля ни секунды я отправилась обратно в дом мисс Ратклифф. Последние лучи дневного света всё ещё были видны на небосклоне, но в узкой улице было темно почти как ночью. Ребёнок немного поплакал, но затем замолчал. На Яффской дороге владельцы магазинов поспешно закрывали ставни. На улице виднелось лишь немного запоздалых прохожих.

К тому времени, когда я добралась до площади Алленби, сгустилась тьма, и улицы совершенно опустели. Я различила перед собой очертания стен Старого Города. Я подумала о первой ночи, когда я увидела её из окна такси, проезжая по городу с мисс Густафссон. Тогда она показалась мне такой далёкой и непривлекательной, но сейчас её тёмная нависающая масса казалась надёжной защитой. Инстинктивно я старалась идти как можно ближе к ней.

Я только преодолела последнее возвышение на пути к дому мисс Ратклифф, когда темнота передо мной наполнилась резким, протяжным, ревущим звуком, который отозвался многократным эхом. Страх парализовал все клетки моего тела. Я прижалась к стене дома, крепко держа ребёнка в руках и еле дыша. Что-то непонятное двигалось по направлению ко мне. Некоторое время я, как могла, напрягла зрение и вдруг вздохнула с облегчением. По улице медленно брёл одинокий осёл!

Я немного подождала, может быть, кто-то шёл за ослом, но никого не было. Когда я снова начала двигаться, мои колени были мокрыми от страха. Последним усилием воли я добралась до дома мисс Ратклифф, на ощупь спустилась по лестнице, открыла железную дверь в свою комнату и положила ребёнка на кровать.

Я зажгла лампу, выстелила дно плетёного сундука нижним бельём, положила туда ребёнка и укрыла её мягким шерстяным свитером, который мама прислала мне на Рождество. Затем я взяла из кладовой бутыль с оливковым маслом, вылила несколько капель на пальцы и слегка помазала лоб ребёнка: «Во имя Твоё, Господь Иисус!»...

Еще до восхода солнца следующим утром я снова зажгла лампу и подняла её над сундуком, в котором лежала Тиква. Я мягко положила свою ладонь на её лоб. Он всё ещё был сухим и пылающим. Она выглядела ещё более хрупкой, с жёлтой кожей, сильно натянутой на скулах. Свет от лампы заставил её открыть на минуту глаза. Когда наши глаза встретились, я снова заметила некое сходство. Где же я видела их раньше?

И вдруг я вспомнила – день молитвы в пятидесятнической церкви в Корсоре! Стоя на коленях, я тогда почувствовала очень сильное присутствие Божье, почти осязаемое. И затем я увидела лицо ребёнка – с тёмными глазами, устремлёнными на меня. Ребёнок лежал в чём-то, похожем на ящик. Ну, конечно! Я видела Тикву, а тем ящиком был мой плетёный сундук!

Итак, всё это действительно было подготовлено Богом прежде, чем произошло на самом деле! Это было потрясающее откровение. Как важно мне было быть верной в своей роли, чтобы Бог смог полностью добиться исполнения Своих планов. В подвале были только мы с Тиквой, но та драма, в которой мы принимали участие, режиссировалась с Небес.

Молоко в бутылочке свернулось. Я сполоснула её, наполнила питьевой водой и приложила к губам девочки. Она смогла сделать всего лишь несколько слабых сосательных движений. Я плотнее завернула её в свитер, а затем легла в постель, чтобы дождаться рассвета. Лёжа в постели, я начала составлять в уме список всего, что мне понадобится в ближайшее время: молоко, пелёнки, английские булавки, ночная рубашка, чистая простынь, и, если возможно, ещё одна бутылка. Хватит ли на всё это восьмидесяти шести центов? А что, если с Тиквой что-то случится, когда меня не будет дома?

Мои мысли прервали звуки, доносившиеся с внутренней лестницы. Это было знакомое постукивание тросточки Нижмех. Я встала и открыла для неё дверь и усадила её на стул.

— Извините за столь ранний визит, — сказала она, — но Господь разбудил меня перед рассветом и сказал принести вам вот это. — Она положила мне в руку два доллара, — Это мало, и я не знаю, почему вам это нужно именно сейчас, но Бог знает!

Я смогла заговорить только через минуту.

— Нижмех, помнишь, вчера мы говорили о больном ребёнке?

— Конечно, я помню о ней. С тех пор я молилась о ней. Вы собираетесь взять её?

— Не собираюсь — я взяла её. Я пошла туда вчера вечером.

— Вы пошли вчера? После наступления темноты? Где же она?

— В моём плетёном сундуке. Но она очень слаба.

Взяв Нижмех за руку, я повела её к сундуку. Там мы вместе опустились на колени. Я мягко положила руку Нижмех на лоб Тиквы.

— Какой у неё жар! — воскликнула Нижмех.

— Я знаю... Ах, если бы он прошёл!

— Мисс Кристенсен, наш Господь сказал, что если двое из нас согласятся просить, о чём бы то ни было, то это будет. Давайте соединим нашу веру прямо сейчас и попросим Бога лишить силы этот жар.

Соединив руки на лбу Тиквы, мы по очереди помолились, умоляя Бога спасти её жизнь и изгнать лихорадку. Помолившись, мы некоторое время молчали. Затем в какой-то момент я поняла, что мой контакт с Нижмех перестал быть просто физическим. Мой дух прикоснулся к её духу, а вместе мы прикоснулись к Богу! Нижмех, наверное, почувствовала это, потому что она отняла мою руку ото лба Тиквы и взяла в свои руки. «Бог услышал нашу молитву», — сказала она.

Усадив её опять на стул, я сказала: «Теперь я должна пойти и купить всё, что нужно для Тиквы. Вот почему Бог побудил тебя принести мне эти два доллара. Без них я бы ничего не смогла сделать. Побудьте здесь и присмотрите за Тиквой».

Я поспешно обошла несколько магазинов. Мне не хотелось тратить время на торговлю, но вместе с тем я хотела купить как можно больше. Когда я вернулась, я увидела, что к Нижмех уже присоединились мисс Ратклифф и Мария. Я быстро подошла к Тикве. Её состояние не изменилось.

В первый раз я увидела мисс Ратклифф взволнованной.

— Мисс Кристенсен, — сказала она более глубоким голосом, чем обычно, — вы хотите сказать, что принесли этого ребёнка сами, после наступления темноты?

— Я вышла, когда было светло, — попыталась я защитить сама себя, — но когда я вернулась, то уже стемнело.

— Я только могу благодарить Бога за то, что Он сохранил вашу жизнь, — сказала она, — надеюсь, вы больше никогда не будете так делать!

— Да, — ответила я, — я тоже надеюсь на это!

В этот момент Мария воскликнула: «Посмотрите на ребёнка!»

Я наклонилась и пощупала ребёнка. Она вся промокла! Её чёрные волосы блестели от влаги, а капельки пота покрыли лоб. Я вдруг поняла, что случилось! «Нижмех, — закричала я, — температура спала!»

Нижмех подняла руки и начала славить Бога на арабском: *«Ель-хамдт иль-Аллах! Ель-хамдт иль Аллах!»*, — говорила она, не переставая. К ней присоединилась Мария тоже на арабском, а затем мисс Ратклифф на английском. Что касается меня, то только датский язык мог выразить мои чувства в тот момент, и всё вокруг было наполнено хвалением на трёх разных языках. С того времени я начала верить, что Тиква выздоровеет.

К вечеру я начала замечать признаки, – небольшие, но важные – что она на самом деле начала выздоравливать. Её дыхание выровнялось, она могла не закрывать глаза по две-три минуты. Когда я вложила свой указательный палец в её руку, она отреагировала попыткой обхватить его своими пальчиками.

События этого утра подтвердили тот урок, который я уже усвоила в Марселе: молитва дала результат, когда достигла своей наивысшей точки в хвале. Поэтому я решила окружить Тикву атмосферой постоянной хвалы. Иногда я восхваляла Бога вслух в молитве или в песне. Но даже, когда я делала что-то по дому, я всё время возносила хвалу про себя на своём незнакомом языке.

В воскресенье утром я услышала чей-то голос во дворе: «Мисс Кристенсен! Мисс Кристенсен!». Узнав голос г-на Кохена, я открыла дверь. Он стоял на противоположной стороне двора, как можно дальше от моей двери.

– Она умерла? – спросил он. Снова этот почти суеверный страх смерти!

– Нет, – ответила я, – она не умерла – и она не умрёт! Войдите и сами убедитесь в этом!

– Нет, нет, – сказал он, – я не войду. Я побуду здесь.

Я, не переставая, просила его убедиться самому, но он постоял несколько минут на противоположной стороне двора, а потом ушёл.

По воскресеньям я писала свои еженедельные письма матери. Конечно, письмо, которое я написала в тот день, было посвящено Тикве. Я хотела, чтобы мама первой в Дании узнала о ней. «Молись, чтобы мне разрешили оставить её», – написала я в заключение.

Нижмех и Мария были столько же озабочены Тиквой, как и я сама. Это значительно облегчало мою задачу. Если мне нужно было уйти, я могла оставить девочку с любой из этих женщин.

В первый день 1929 года я получила письмо от Вальборг с Рождественской открыткой и денежным переводом на восемь долларов. В наспех написанной записке она объяснила: «Я послала это вам задолго до Рождества, но оно вернулось для дополнительной оплаты за пересылку».

Оглядываясь на последние несколько дней, я только могла подивиться точности Божьего плана. Если бы письмо Вальборг с деньгами не задержалось, я бы получила его до Рождества и до того, как мне дали Тикву. Когда же я брала её, то я основывалась только на том, что на это есть воля Божия – без всякого намёка на то, что у меня будет какой-то человеческий источник помощи. Только после того, как я решилась, Бог допустил, чтобы появились деньги – сначала от Нижмех, а потом от Вальборг.

Посреди недели я снова услышала во дворе голос г-на Кохена. Моё сердце замерло: «Неужели он пришёл забрать Тикву?»

– Я принёс вам колыбельку Тиквы, – сказал он, оставляя её во дворе, – может быть, она вам понадобится.

– Конечно, она мне понадобится! – сказала я ему. После того, как он ушёл, я добавила сама себе: «Но я не допущу, чтобы она спала на этом грязном и рваном матрасе!»

На следующий день я пошла торговаться в Старый Город и вернулась с новым матрасом, а также с банкой белой эмали и кистью для краски. Через сутки я достала Тикву из сундука и с гордостью положила её на новый матрасик в сияющей белой колыбели. После этих и других необходимых покупок у меня осталось чуть больше трёх долларов.

Тем не менее, меня больше не волновал вопрос, сколько в точности денег у меня было. Я чувствовала, что на меня возложена забота о Тикве. Если я буду верна в этом, то о деньгах позаботится Бог. Вместо того чтобы молиться о своих нуждах, я начала постоянно благодарить Бога за Его обеспечение. Благодарение больше укрепляло мою веру, чем прошение о нуждах.

Когда на следующий день я открывала свою дверь, то нашла конверт, который подсунули под неё. Внутри был один палестинский фунт (примерно четыре доллара), но никакой записки. Я даже испугалась! Кто-то побывал здесь, когда было темно. Я пыталась догадаться, кто же это мог быть. Может быть, кто-то из посещавших служения мисс Ратклифф? Я никак не могла догадаться. Но, в конце концов, это было не моё дело! Каким бы ни был канал, источником был Бог.

Скоро мне пришлось удивиться ещё раз. На этот раз по поводу письма от Кристин Сондерби в Корсоре, в котором был денежный перевод на сорок пять долларов, а также календарь на 1929 год. В своём письме она написала: «Несколько учителей собрались вместе на Рождество, и мы решили послать вам это как запоздалый Рождественский подарок». Самое удивительное было в том, что в конце письма был постскриптум: «Пять долларов в этой сумме от Эрны Сторм».

Эрна Сторм! – тот самый человек, который заявил, что моё присутствие позорит всю школу! «Да, уж это точно, что Бог умеет превращать в хлеб и камни», – пропела я. В благодарственном письме Кристине Сондерби я поведала ей о Тикве, а потом добавила: «То, что вы сказали о пастыре на календаре, исполняется. Иисус вложил в мои руки одного из Своих ягнят».

Я так привыкла к скудному существованию, что сорок пять долларов показались мне целым состоянием! Оставив пятнадцать долларов на ближайшие нужды, я решила открыть свой собственный счёт в банке Барклая. Покидая банк, я почти пританцовывала!

На обратном пути в дом мисс Ратклифф, я проходила мимо бакалейного магазина, который специализировался на импорте из Европы. Я приметила на витрине синий датский сыр. Маленький кусочек стоил столько же, сколько стоил целый местный обед. Но искушение съесть что-то действительно датское было непреодолимым. Я купила кусочек сыра и немного датского масла в придачу. В полдень я щедро намазала масло и сыр на ржаной хлеб грубого помола. Думаю, что никто из посетителей ресторана Тиволи в

Копенгагене не получал большего удовольствия!

Медленно, но уверенно Тикве становилось лучше. Однако меня беспокоил цвет её лица. Её щёки всё еще были похожи на тонкий натянутый пергамент. Я подумала, что её сильная слабость частично объясняется тем, что она всё время лежала в той тёмной, похожей на пещеру, комнате, где я нашла её. Ей нужен был свежий воздух и солнечный свет.

Я начала искать коляску. Наконец, в магазине подержанных вещей на Яффской дороге мне удалось найти английскую коляску с высокими колёсами и длинным элегантным корпусом. Она была далеко не новая, но чистая и в хорошем состоянии. Хозяин магазин запросил двадцать долларов. После десяти минут торговли мы сошлись на двенадцати.

В тот вечер мисс Ратклифф спустилась ко мне с конвертом в своей руке.

– Сегодня я получила вот это, – сказала она, – это двенадцать долларов от анонимного жертвователя: «Для нуждающегося еврейского ребёнка». Не могу назвать никого, кто лучше подходит для этого дара, чем вы! И снова у меня перехватило дыхание от Божьего расчета времени!

На следующий день, когда я выкатила Тикву в коляске, я почувствовала, что весь Иерусалим принадлежит мне. Может ли быть какая-то мать быть более гордой и счастливой, чем я?

С тех пор я начала каждый день вывозить Тикву на прогулки, и её состояние начало поправляться намного быстрее. Вместо жёлтых запавших щёк у неё появился здоровый цвет лица. Скоро она была в состоянии кушать манную кашу, а не только молоко.

Во время наших прогулок я свободно разговаривала с Тиквой, как будто она понимала всё, что я ей говорила. Я также напевала ей те евангельские песни, которые я выучила у пятидесятников в Корсоре. Песни я пела на датском, но всё остальное время я говорила по-английски. Конечно, ей важнее было понимать и говорить по-английски, чем по-датски.

Тикве это нравилось точно так же, как и мне. Всё то время, когда я пела для неё или разговаривала с ней, она лежала на своей подушке и не сводила с меня своих чёрных глаз в торжествующем одобрении. А если я вдруг замолкала, или же отвлекалась на что-то другое, она начинала ёрзать и волноваться, зевать и тереть глаза, протестуя всеми своим поведением: «Почему ты не разговариваешь со мной?»

Однажды, когда я прогуливалась с Тиквой по проспекту Короля Джорджа V, я услышала, как две пары разговаривали по-датски. Впервые после расставания с Китти в Марселе я услышала свой родной язык. Я не могла не поддаться искушению послушать, о чём они говорили. Им нужно было попасть в какое-то бюро путешествий. Извинившись за вмешательство, я подсказала им, как туда добраться.

— Пожалуйста, извините за любопытство, — сказал один из них, — но это ваша девочка? Она такая смуглая, а вы очень светлокожая!

— Да, — ответила я, — это моя девочка, но я не её мама.

Мой ответ вызвал дальнейшие вопросы, и, в конце концов, все четверо настояли, чтобы я отведала с ними чашечку кофе и «хорошего датского печенья!» Мы провели вместе целый час, пока я рассказывала о своём прошлом в Дании и о том, как Бог привёл меня в Иерусалим. В свою очередь я узнала, что оба мужчины были важными начальниками в руководстве датскими государственными железными дорогами в Копенгагене, и что они совершали частное путешествие по Святой Земле вместе со своими жёнами.

Прежде, чем мы расстались, они попросили мой адрес, а одна из женщин тихонько сунула деньги в мою руку:

— Мы ещё свяжемся с вами, — сказала она.

Оказавшись на улице одна, я посмотрела на деньги — двадцать долларов.

— Тиква, — сказала я, — как Бог добр к нам!

Блеск в её глазах как бы говорил, что она согласна.

10. Маханех-Йехуда

В конце января мисс Ратклифф сообщила мне, что дом, который она занимала, был перепродан, и новый владелец хочет въехать, как только закончится её договор об аренде.

— Это означает, что мы все должны съехать до Мухаррам, — сказала она в заключение.

— Мухаррам?

— Это ежегодный мусульманский праздник, — пояснила она, — он отмечается в начале весны. По традиции со времён турецкого владычества дома сдаются в аренду от Мухаррам до Мухаррам. Поэтому в начале каждой весны улицы Иерусалима заполняются людьми, которые переселяются в новые дома, и в этом году мы окажемся в их числе!

Через десять дней мисс Ратклифф сказала мне, что она подписала договор об аренде дома в Мусраре примерно в километре от Дамасских ворот.

— Боюсь, что в новом доме нет подходящих для вас условий, — добавила она извиняющимся голосом.

— Вы так добры, что беспокоитесь о нас, — сказала я, — но, может быть, Бог показывает нам с Тиквой, что нам пора устраиваться самим.

— Не думаю, что вы будете долго держать Тикву, — предупредила мисс Ратклифф, — если вам удастся восстановить её здоровье, скорее всего, семья Тиквы захочет забрать её.

Я промолчала, но слова мисс Ратклифф взволновали меня больше, чем я была согласна осознать. Необходимость в ближайшее время решить вопрос с жильём, уже было достаточно плохой новостью. Но ещё хуже было предположение, что скоро Тикву могут забрать у меня. «В конце концов, — сказала я сама себе, — Бог привёл меня сюда для того, чтобы спасти её жизнь, и она всё ещё нуждается во мне».

Теперь мои ежедневные прогулки с Тиквой в её коляске превратились в экспедиции по охоте за жильём. Я начала с Мусрары, надеясь устроиться неподалёку от мисс Ратклифф. Только после того, как несколько дней поисков в Мусраре не принесли никакого успеха, я решила исследовать и другие западные районы города.

В конце концов, в районе под названием *Маханех-Йехуда* я нашла маленькое двухэтажное здание, в котором сдавался верхний этаж без мебели. Дом был частью комплекса из шести зданий, которые сгрудились на пустынной и песчаной территории на расстоянии примерно ста метров к северу от Яффской дороги. Маханех-Йехуда, как я узнала, на иврите означал «Лагерь Иуды», что в некотором смысле намекало на оплот иудаизма. Я задумалась, как обитатели такого исключительно еврейского района отреагируют на «языческое вторжение». Однако до *Мухарры* оставалось только две недели, и я не могла больше откладывать.

Верхний этаж состоял из двух соединенных дверью комнат. Вход был с лестницы, которая была снаружи дома. За аренду надо платить двенадцать долларов в месяц, в полтора раза больше, чем я платила мисс Ратклифф. И платить нужно было за месяц вперёд. Я посчитала деньги в своём кошельке – примерно семь долларов. Надеясь, что на моём счету достаточно, чтобы выплатить остальную сумму, я отдала хозяевам первые шесть долларов и пообещала вернуться с остальными шестью долларами в течение суток. По дороге домой я зашла в банк: мой баланс был менее четырёх долларов. Даже со всей наличностью, оставшейся в моём кошельке, я не могла собрать нужные шесть долларов!

В тот вечер я очень долго не могла заснуть. Если я не достану остальные шесть долларов на следующий день, то мне грозила опасность потерять то, что я уже вложила.

Наконец, я встала с постели и опустилась на колени на твёрдый каменный пол.

– Господи, если ты хочешь, чтобы я была в Маханех-

Йехуда, то я верю, что Ты обеспечишь меня всей суммой, которая нужна: на квартиру, на мебель, на переезд...

Автоматически я начала высчитывать, откуда могли поступить деньги, но затем я вспомнила усвоенные уроки – на мне лежала ответственность за молитву, а Бог Сам решает, как Он ответит на мою молитву.

На следующий день в моём почтовом ящике было только одно письмо – из школы в Корсоре: «Мы прилагаем разницу за медицинскую страховку». «Приложение» было на сумму 169,35 долларов. Остановившись в банке, чтобы положить на свой счёт эту сумму и взять, сколько нужно, наличными, я пошла прямо в Маханех-Йехуда и заплатила за квартиру остаток в шесть долларов.

Вечером я ужинала с мисс Ратклифф.

– Скажите мне, – сказала я, – почему так часто Бог удерживает от нас то, что нам нужно, до последней минуты?

– Я сама не раз задумывалась над этим, – ответила она с улыбкой, – может быть, одной из целей Божиих является то, что Он учит нас полагаться на Него ежедневно. Знакомя учеников с молитвой Господней, Иисус сказал: «*...знает Отец ваш, в чём вы имеете нужду, прежде вашего прошения у Него*» (Евангелие от Матфея 6:8). И, тем не менее, Он учил их просить – и просить каждый день.

Следующие две недели мои ежедневные прогулки с Тиквой были посвящены покупке мебели, что предоставило мне широчайшие возможности для развития навыков торговли. Однажды, возвращаясь Яффской дорогой, со стулом, прикрепленным к одному углу детской коляски, я натолкнулась на г-на Кохена. Он поразился перемене в Тикве и всё твердил: «Она стала другим ребёнком! Она стала другим ребёнком!». Несмотря на его комментарии о выздоровлении Тиквы, я не могла не заметить, что он ни разу не поблагодарил меня. Неохотно, помня о предсказании мисс Ратклифф, я дала ему наш будущий адрес в Маханех-Йехуда.

К концу февраля у меня собралась целая куча мебели

и принадлежностей, в большинстве своём подержанных, которые я сложила вдоль стены своей подвальной комнаты в готовности для переезда. Он был назначен на четверг, 7-ое марта. Мисс Ратклифф должна была съезжать двумя днями позже. Я договорилась с одним пожилым евреем по имени Иона, чтобы он приехал на своей тележке и помог мне перевезти вещи. Тележка оказалась приспособлением, состоящим из неотёсанных планок, прибитых к двум палкам на четырёх вихляющих колёсах. Тощая чёрная лошадь тащила за собой это устройство. Трудно было сказать, что выглядело более немощным – Иона или его лошадь.

Мария помогла мне поднять вещи по лестнице и погрузить их в тележку. Затем она присоединилась к мисс Ратклифф и Нижмех, вышедших на улицу, чтобы попрощаться со мной. Каждая из них крепко обняла меня и Тикву. Я положила Тикву в коляску и пошла вслед за Ионой и его тележкой. Последнее, что я услышала, это был надтреснутый голос Нижмех, которая сказала: «Приходите навестить нас поскорее!»

Иона шёл рядом со своей лошадью, одной рукой держа поводья. В другой руке у него был хлыст, который он использовал только как оружие против мух. Всякий раз, когда тележка преодолевала углубление или выбоину, всё на ней дребезжало и раскачивалось. Два раза мой сундук падал на дорогу. Когда это случалось, Иона с лошадью останавливались, а я поднимала сундук и ставила его обратно на тележку.

Когда мы достигли Яффской дороги, то смешались с разношерстной толпой переезжающих. Менее зажиточные люди сами перевозили свои вещи – либо в ящиках и чемоданах, либо в тюках на спине. Другие пользовались ручными тележками, осликами, верблюдами и телегами с впряжёнными в них лошадьми. Очень немногие перевозили на машинах или небольших грузовиках. Взрослые были подобны участникам бурного карнавала, а их дети бежали рядом с ними.

Проходя по Яффской дороге, я снова обратила внимание на стену Старого Города справа от меня. Как изменилось моё отношение к этим камням! Сначала я сравнивала их с аккуратными, светлыми домами Корсора, и они казались мне грубыми и далёкими. Но теперь они стояли как надёжные друзья, охраняя мой путь.

Было уже около полудня, когда я, наконец, добралась до своего нового дома в Маханех-Йехуда. Иона свалил мои пожитки на пыльную землю с той стороны здания, где находилась внешняя лестница, дававшая доступ на верхний этаж. Затем он взял причитающиеся ему четыре доллара и оставил меня одну.

Прежде всего, мне нужно было поднять детскую кроватку и уложить туда Тикву. Затем я поочередно перетащила оставшиеся предметы и поставила их на место. Переднюю комнату я оборудовала под кухню и столовую, отведя один угол под коляску. Следующая комната, которая была побольше, должна была стать нашей спальней и гостиной.

В доме не было ни канализации, ни водопровода. Однако, отважившись исследовать заднюю часть дома, я обнаружила общий двор с краном городского водопровода, который возвышался над бетонированной площадкой в центре двора. С одной стороны несколько листов рифлёного железа, закрепленные на столбах, служили крышей для ряда раковин из оцинкованного железа. Я увидела, как несколько женщин стирали в этих раковинах, в то время как другие носили домой воду в больших бидонах из-под керосина. С другой стороны был деревянный навес с несколькими отделениями, которые служили туалетом. Это был туалет выгребного типа – просто глубокие ямы в земле, на которых были деревянные ящики с круглой дыркой и крышкой. Этот санузел, как и вода, видимо был общей собственностью обитателей шести близлежащих домов, не говоря уже о несметных количествах мух.

Возвратившись в свою квартиру, я заметила, что нижний этаж под моей квартирой был оборудован под бакалейный магазин. Изнутри раздавались знакомые звуки торговли то на арабском, то на идиш. Дверь другой комнаты нижнего этажа была заперта, а ставни закрыты. Невозможно было видеть, кто там живёт.

К девяти часам я была уже в постели, уставшая от дневных занятий и готовая ко сну, как вдруг я услышала звук голосов и сдержанный смех в бакалейном магазине подо мной. Затем кто-то завёл патефон с пластинкой «Эй, ухнем» в исполнении мужского хора. Посередине песни патефон заедал, и начиналось бесконечное повторение одного и того же – «Эх, ухнем – Эх, ухнем – Эх, ухнем». В конце концов, кто-то подвинул иголку, и пластинка доиграла до конца.

«Разве можно представить себе что-то более смешное, – сказала я сама себе, – как играть «Дубинушку» в это время ночи – и где? – В бакалейном магазине!»

Пока я раздумывала над этим, патефон был заведён опять. Вот это да! Та же самая песня! И снова иголку заело на том же самом месте. Когда это случилось в третий раз, я заподозрила что-то неладное. Неужели это делалось намеренно?

После того, как пластинку проиграли в четвёртый раз, сомнений уже не оставалось. До переезда в Маханех-Йехуда я раздумывала, как еврейская община отреагирует на языческое вторжение. Теперь у меня был ответ на мой вопрос. Комитет «Добро пожаловать» работал в полную силу!

К полуночи я прослушала «Дубинушку» раз сорок. Пластинку неизменно заедало на одном и том же месте. Иногда «Эх, ухнем» звучало по две минуты. Кто бы ни был там внизу в бакалейном магазине, он проявлял такое усердие, которое было бы весьма похвальным, если бы было употреблено на что-то более благородное.

С каждым повторением песни, сон удалялся от меня всё дальше и дальше. Я купила ватные тампоны для Тиквы и теперь попыталась засунуть их в уши, но резонанс от этих мужских голосов проникал даже через вату. Поняв, что Тиква не спит, я встала, чтобы подойти к ней. Она лежала на спине с широко раскрытыми глазами, воркуя сама себе. Музыка ей нравилась!

– Тиква, – сказала я, – на этот раз наши мнения не совпадают!

В три часа ночи усталость взяла своё, и я впала в сонное забытьё под музыкальное сопровождение.

На следующий день я сразу же поняла, что нахожусь в центре внимания всей общины, разместившейся в шести домах. Когда я шла в туалет или за водой, женщины замолкали, поворачивались и начинали смотреть на меня. Дети открыто хихикали и тыкали в меня пальцем, бросая комментарии на непонятном мне языке. Я вспомнила атмосферу школьного двора в Корсоре после того, как узнали о моём крещении. Только в Корсоре у меня был авторитет учителя, и я знала язык.

К четырём часам всякая деятельность на участке между домами прекратилась, и я поняла, что началась суббота. Я ушла в свою квартиру и попыталась поразмыслить над многими вещами, но внутренне я сражалась со всё возрастающим напряжением. Повторится ли серенада предыдущей ночи? Или же запланированы новые формы протеста?

Я следила за стрелкой своих часов, пока они отсчитывали время. Девять часов – ничего. Десять часов. Но тишина ночи не нарушалась. Очевидно, мои соседи больше не собирались приветствовать меня в тот вечер. Может быть, их сдерживало уважение к субботе. Я слишком устала, чтобы строить дальнейшие догадки, и поэтому я с облегчением вздохнула и быстро заснула крепким сном.

На следующее утро я постирала Тиквины пелёнки и кое-что из своего нижнего белья и повесила это на бельевой верёвке во дворе. В полдень я пошла, чтобы снять бельё, и обнаружила, что всё было сорвано и втоптано в пыль.

– Стыд и позор тому, кто это сделал! – воскликнула я. Я осмотрелась вокруг, ища виновного. Никого не было видно, но, тем не менее, я чувствовала на себе взгляды многих глаз. Придав себе как можно больше достоинства, я собрала разбросанное бельё и вернулась в квартиру.

Усевшись за стол, я попыталась прийти в себя. Я была готова к периоду привыкания к Маханех-Йехуда и даже к одиночеству. Но что же я сделала такого, что вызвало такую враждебность в этих людях, с которыми я даже не говорила? Либо я совершила серьёзную ошибку, переехав сюда, либо мне нужно было усвоить какие-то новые уроки, которых я не понимала. Я вспомнила, что сегодня мисс Ратклифф должна была переезжать в свой новый дом в Мусраре. Завтра же я пойду к ней и спрошу её совета.

Дом мисс Ратклифф в Мусраре находился примерно в двух километрах от Маханех-Йехуда. Я отправилась в воскресенье рано утром, толкая перед собой коляску Тиквы. Когда я покидала Маханех-Йехуда, у меня с души упал камень, и я запела. По-своему Тиква разделяла моё освобождение, хлопая в руки и копируя мои звуки.

Нижмех и Мария с радостью встретили нас и настояли, чтобы им присмотреть за Тиквой во время служения. В конце я отвела мисс Ратклифф в сторону и рассказала о враждебном приёме в Маханех-Йехуда. «Я действительно не понимаю, почему они так ко мне относятся, – сказала я в заключение, – я не сделала ничего такого, что могло бы их обидеть».

Мисс Ратклифф помолчала немного. Затем она сказала: «Корни вашей проблемы имеют многовековую историю. Прежде всего, вам надо понять, как евреи относятся к христианству. Для них это вопрос этнического и культурного наследия, а не личной веры. Здесь ты автоматически либо еврей, либо мусульманин, либо христианин».

– Но что они имеют против христиан?

– Ответ евреев на этот вопрос печален, но для них самих очень убедителен. В средние века крестоносцы с эмблемой креста уничтожили все еврейские общины в Европе. Позднее им удалось захватить Иерусалим. Они называли это «освобождением Иерусалима». Они пролили больше крови и были более жестоки, чем все предыдущие завоеватели, за исключением, может быть, только римлян. Позднее в гетто Европы и России именно христианские священники с крестами в руках возглавили жесточайшие нападения на еврейские общины.

— Но я бы не назвала таких людей христианами, не говоря о том, чтобы делать что-то подобное!

— Может быть, и нет, но в глазах всех обитателей Маханех-Йехуда сама ваша фамилия Кристенсен отождествляет вас с такими людьми. Ваше присутствие напоминает им именно то, от чего они бежали. Кроме того, вы таки нарушили субботу, устроив стирку и вывесив бельё всем на обозрение!

Теперь замолчать пришлось мне. Виновная по ассоциации за преступления, которые на протяжении столетий совершались против еврейского народа, я была лично виновата за то, что постирала в тот день, который был для них свят.

— Что бы вы посоветовали мне сделать, мисс Ратклифф? Не ошиблась ли я вообще, переехав в Маханех-Йехуда?

Мисс Ратклифф взяла в руки свою Библию.

— Позвольте мне ответить словами Павла: *«Всё же от Бога, Иисусом Христом примирившего нас с Собою и давшего нам служение примирения... мы – посланники от имени Христова...»* (2-е Коринфянам 5:18,20).

— *Посланники?*

— Вы понимаете? Сначала Бог должен был примирить вас с Собою. Теперь же Он дал вам служение примирения для людей Маханех-Йехуда, чтобы разбить барьер подозрительности и страха, который строился веками. Мисс Кристенсен, это большая честь.

Весь оставшийся день я рассуждала о словах мисс Ратклифф. Я просила Бога показать мне Его цель для моей жизни, и Он привёл меня в Иерусалим и возложил на меня заботу о Тикве. В этом я не сомневалась. Но была ли теперь передо мной другая часть моего задания – быть послом Христовым в Маханех-Йехуда?

«За что несёт ответственность посол?», – спросила я сама себя, – «Не менять людей, к которым он послан, но представлять того Царя, Которому он служит». Как недостойна я была этого! Но ведь я попросила Бога показать мне моё задание, и теперь я не могла отступить назад.

За несколько дней моё отношение изменилось. Нежелание уступило место возбуждению. Я начала видеть своих соседей в новом свете. Меня больше не оскорбляла их настороженность, которая временами перерастала в открытую враждебность. Я воспринимала это как вызов. Для того чтобы победить, мне нужно было согласиться со своей ролью посла и использовать дипломатические методы.

Я решила сделать первые шаги сближения с женщиной, которая содержала бакалейный магазин под моей квартирой. Я начала покупать у неё продукты. Её звали Шошанна (что, как я узнала, на иврите означает «Роза»). Это была плотная, жизнерадостная женщина лет сорока с двумя дочерями школьного возраста. Она проводила своё время в магазине, но каждый день возвращалась в свою квартиру, которая была в другом районе. Прожив несколько лет в США, она прилично знала английский. Она никогда не говорила о своём муже, упомянув только, что он работает в Нью-Йорке.

Всякий раз, когда я шла в магазин, я брала с собой Тикву. Очень скоро любопытство Шошанны превозмогло всё остальное.

– Она еврейка? – спросила она.

– Да, – ответила я.

– Сколько ей?

– Чуть больше пятнадцати месяцев.

– Пятнадцать месяцев! – Шошанна воскликнула с удивлением, – но она не выглядит и на половину этого возраста! Она болела?

Это был шанс, которого я ждала. Я рассказала о своей борьбе за спасение жизни Тиквы и восстановлении её здоровья и сил. Результат был именно таким, какого я ожидала. Материнский инстинкт в Шошанне превозмог все религиозные предрассудки. С этого времени она стала моим союзником в борьбе за Тикву. Каждый раз, когда я приносила её в магазин, Шошанна забирала её у меня и кормила кусочком банана или апельсина, по-матерински воркуя с ней на идише всё время нашего визита. Тиква уже могла сама стоять по нескольку минут на ногах, если только она могла за кого-то держаться.

Дом Шошанны был информационным центром обитателей всех шести домов в округе. За две-три недели все женщины уже знали историю Тиквы, и в результате этого их отношение ко мне начало меняться. Вскоре они начали приветствовать меня: «Шалом». Некоторые даже предлагали свои услуги по уходу за Тиквой, когда я шла за водой или вывешивала бельё, – конечно же, я больше не делала этого по субботам!

Читая Ветхий Завет, я обнаружила первоначальную заповедь о субботе, данную Моисеем. Там был и запрет о разжигании огня. Мои соседи по Маханех-Йехуда применяли это и к таким вещам, как курение сигарет или разжигание лампы или плитки. Однако я замечала, как многие мужчины выскальзывали в туалет по субботам, чтобы, пока никто не видит, закурить и сделать несколько затяжек. Если в таких случаях я проходила мимо, то начинала громко кашлять, чтобы они знали о моём приближении, а затем намеренно смотрела в другую сторону. Таким образом, между нами установился необъявленный союз.

Моя дипломатия давала хорошие результаты в отношениях с женщинами и мужчинами, но дети всё равно оставались проблемой. Они получали особое удовольствие, переворачивая моё мусорное ведро, которое стояло внизу моей лестницы. Руководителем этой ватаги был, судя по всему, мальчик лет двенадцати по имени Эфраим. Это был ещё один вызов моему дипломатическому искусству.

Иногда я слышала, как с Эфраимом по-английски разговаривал мужчина, по-видимому, родственник. Я решила воспользоваться этим как уловкой.

Эфраим, – сказала я, встретив его однажды утром под своей лестницей, – где ты научился так хорошо говорить по-английски?

Эфраим сразу вырос на несколько сантиметров!

– Мой дедушка родом из Лондона, – ответил он.

– Тогда именно ты сможешь помочь мне разобраться с остальными детьми, – продолжала я, – они совершенно не умеют вести себя! Каждый день они переворачивают моё мусорное ведро.

– Я позабочусь, чтобы они больше этого не делали, леди. Меня они послушают! – Эфраим говорил с уверенностью военного командира, готового отдать распоряжения своим войскам.

Так закончились мои проблемы с детьми, а Эфраим вскоре стал моим хорошим другом. Если он встречал нас, когда мы возвращались с прогулки, он брался за один конец коляски и помогал мне поднять её по лестнице.

Найти подход к женщине, живущей рядом с магазином Шошанны, было труднее. Это было иссохшее маленькое существо, которое всегда было закутано в шерстяную шаль – независимо от погоды. Её звали Вера. Она говорила только по-польски и на идише с вкраплениями арабского, что совершенно не способствовало нашему общению. От Шошанны я узнала, что Вера притязала на особый статус, поскольку её дедушка был раввином. Она была вдовой и существовала на скудное пособие, которое ей присылал сын, проживающий в Чикаго.

Выглянув однажды из своего окна сразу же после захода солнца, я увидела, как Вера торопливо пересекала полоску земли перед нашим домом, которая в это время в пятницу всегда была пустой. Через несколько мгновений она постучала в мою дверь. Когда я впустила её, она подошла к моей лампе, которая была зажжена и стояла на столе. Она показала на лампу, а затем в направлении своей комнаты.

– Вам нужна моя лампа? – спросила я.

Вера отчаянно посмотрела на меня, а потом схватила меня за рукав и начала тянуть к двери. Заинтригованная, я позволила ей свести меня вниз по лестнице, а затем привести в свою комнату. Её лампа стояла незажжённой в центре стола. Она взяла коробку спичек, которая лежала рядом с лампой, вытащила одну спичку и сделала движение, имитирующее зажигание.

Вдруг я поняла! Вера пришла домой слишком поздно и не успела зажечь свою лампу до захода солнца. Теперь, как еврейка, она не могла сделать этого, потому что суббота уже началась. Но я, как язычница, могла это сделать. Я быстро зажгла лампу и поправила фитилёк. Восторгу Веру не было предела.

– *Хабебти! Хабебти!* – сказала она, поглаживая мою руку. Я знала, что по-арабски «хабебти» означало «моя дорогая».

С того времени Вера считала само собой разумеющимся то, что я должна была зажигать для неё лампу по субботам. Таким образом она могла отсрочить разжигание лампы ещё на полчаса, экономя немного керосина, что было очень существенно для человека с её доходами. Зажигание лампы Веры стало неотъемлемой частью моего субботнего ритуала, она же в свою очередь стала считать меня одним из своих лучших друзей. (Фактически, у неё вообще не было других друзей.) Всякий раз, когда я проходила мимо её двери или же встречала её, когда она набирала воду, она называла меня: «Хабебти!»

Одним из последствий моего переезда в Маханех-Йехуда было то, что моя учительница арабского не захотела приходить и учить меня. Я спросила её почему, но её ответ был уклончивым. В конце концов, я спросила мисс Ратклифф, знает ли она причину.

– Думаю, что она, как арабка, боится идти туда, где живут одни евреи.

– Но ведь никто в Маханех-Йехуда не сделает ей никакого зла?

– Возможно, что нет, но если её соотечественники заметят, что она ходит туда слишком часто, то ей придётся туго. Сейчас обе стороны занимают выжидательную позицию, но атмосфера такая напряжённая, что достаточно маленькой искры, чтобы разгорелся большой огонь.

Для того чтобы восполнить потерю уроков арабского, я стала приходить к мисс Ратклифф два-три раза в неделю и практиковать свою разговорную речь с Нижмех. Я также регулярно посещала служения у мисс Ратклифф, которые проходили каждое воскресное утро. Но моим домом отныне был Маханех-Йехуда.

В середине апреля я осознала, что пробыла в Иерусалиме уже шесть месяцев, и мне нужно продлить визу. Устроив Тикву в коляску, я отправилась в отделение иммиграции, всю дорогу усиленно молясь, чтобы у меня не было проблем с продлением визы. К моему облегчению, клерк просто поставил на моём паспорте новую визовую печать и вручил его мне.

По дороге домой я услышала позади себя высокий женский голос, обращавшийся ко мне по-шведски:

– Мисс Кристенсен, что это вы делаете с детской коляской?

Я обернулась. Это была мисс Густафссон. Я объяснила те обстоятельства, через которые Бог привёл Тикву ко мне. На мисс Густафссон это не произвело никакого впечатления.

– Надеюсь, что она не отнимает у вас слишком много времени, – прокомментировала она, – Несомненно, есть более важные вещи, которым необходимо уделить внимание, чем всего лишь один ребёнок!

Всю дорогу домой я боролась со словами мисс Густафссон. Она лишь озвучила тот вопрос, с которым я сражалась. В конце концов, я была профессиональным преподавателем, обучавшим двести учеников в неделю. Разумно ли уделять всё своё время только одному ребёнку?

Казалось, что Тиква имела удивительное умение читать мои мысли. Когда я подняла её из коляски и понесла вверх по лестнице в нашу квартиру, она обняла мою шею обоими руками и прижала лицо к моей груди. Она как бы говорила: «Спасибо за твою заботу!»

Через пару недель я получила заказное письмо на

официальном бланке датских государственных железных дорог в Копенгагене. Оно было от тех двух пар датчан, которые на проспекте короля Джорджа V пригласили меня на чашку кофе с печеньем. «В нашей конторе, – писали они, – мы организовали особый «Кружок Лидии», чтобы помогать Вам в Вашем труде в Иерусалиме. Пожалуйста, используйте часть этой суммы для того, чтобы купить Тикве что-то хорошее».

Вместе с письмом был международный денежный перевод на восемьдесят долларов. Я отпраздновала это событие, купив у Шошанны немного чудесного венгерского салями.

К этому времени я придумала свой собственный способ покупок у Шошанны. Я привязывала верёвку к плетёной корзине и спускала её из своего окна к двери Шошанны. Когда она видела корзину, она выглядывала из двери и спрашивала, что мне нужно. По мере того, как я называла каждый продукт и его количество, она клала это в корзину. Затем я поднимала корзину, вынимала из неё всё и снова спускала с необходимым количеством денег.

В начале мая я получила посылку от мамы с прелестным розовым свитером, который она связала для Тиквы. На деньги от «Кружка Лидии» я купила подходящее розовое платьице и пару детских туфель. На следующее утро, когда я выкатила Тикву в её новом наряде, мои соседи пришли в восторг от неё.

Я была благодарна за огромные перемены в их отношении, но самое близкое общение у меня было с самой Тиквой. Она была в центре моего мира. Этот мир был очень маленьким, но удивительно полным. Иногда я даже чувствовала себя виноватой, что я так довольна. Справедливо ли упрекала меня мисс Густафссон в том, что я посвящала всё своё время только одному ребёнку? Может быть, мне нужно поискать более обширное поле служения? Однако, необыкновенный мир в моём сердце как будто говорил мне, что именно это задание Бог предназначил для меня.

Со своей стороны у Тиквы развилась удивительная

чувствительность ко всем моим переживаниям. Если я занималась домашними делами, стиркой или глажкой, она становилась в своей кроватке, держась за край и следя своими серьёзными чёрными глазами за всеми моими движениями. Когда я заканчивала что-то особенно тяжёлое, например, глажку простыни, она громко вздыхала с облегчением, как бы говоря: «Ну, вот и всё!» Но больше всего она любила молитву и восхваление. Мы получали массу удовольствия от моего кресла качалки, когда я усаживалась на него и брала Тикву на руки и начинала молиться или петь вслух, раскачиваясь взад-вперед. Сколько бы времени у меня на это ни уходило, она всегда оставалась спокойной или же присоединялась к моим молитвам на своём особом детском языке.

Однажды ночью в середине мая я проснулась от сильной жгучей боли в ноге. Я схватила фонарь и посветила туда, где болело. Моя лодыжка покраснела и распухла. Что-то укусило меня в постели! Я начала исследовать своё постельное бельё, пока не нашла маленького, красноватого жучка во шве матраса. Схватив расчёску и гребень с комода, я раздавила жучка ими. Выступила капля красноватой жидкости – моей собственной крови.

На следующее утро я показала Шошанне опухлость на своей ноге. «Клоп! – прокомментировала она, – когда по ночам становится теплее, они вылезают из щелей в полу и взбираются по ножкам кровати. Вам нужно вставить ножки вашей кровати в четыре пустые банки. Затем наполните банки керосином, и клопы не смогут взобраться на кровать».

В ту ночь со всеми ножками кровати в керосине, я спала очень хорошо. Несколько безмятежных ночей я радовалась успеху стратегии Шошанны, как вдруг снова проснулась от точно такого резкого жжения. Я быстро зажгла лампу и нашла клопа и задавила его на ножке кровати. Пролилась предательская капля крови.

Но как клоп попал в мою кровать? Я осмотрела комнату. Позади моей кровати ещё один клоп совершал путешествие вверх по стене. Достигнув потолка, он начал ползти к центру комнаты, как вдруг свалился прямо на середину моей кровати. Я сразу же раздавила его гребнем и расчёской. Крови на этот раз не было.

Зловещая гениальность клопов, раскрытая таким образом, ужаснула меня. Наверное, в полу их было несметное количество. Невозможно было сидеть всю ночь напролёт и перехватывать их по мере того, как они падали ко мне в кровать. Но ведь я не могла рассчитывать на мирный сон, пока не найду способа, чтобы разделаться с ними. Но как? «Мне нужна Твоя помощь, Господи!» – сказала я.

Моментально я вспомнила историю с Египетскими язвами. Там были последовательно выпущены разные мерзкие существа: лягушки, вши, мухи. Тем не менее, Бог контролировал их и защищал от них Свой народ. Разве Он не сделает того же самого с клопами?

Я упала на колени возле кровати:

– Господи, – сказала я, – эти клопы – язва, и я никак не могу уберечься от них. Я прошу Тебя удалить их от меня, чтобы они никогда не возвращались.

Прошло несколько недель, как вдруг я поняла, что Бог ответил на мою молитву. С той ночи в моей комнате не было ни одного клопа!

К концу мая Тиква начала ходить. Конечно, мне нужно было снести её вниз к Шошанне и поделиться с ней этой победой. Затем я повезла её на коляске в дом мисс Раткклифф, чтобы показать тамошним обитателям.

Тикве было тяжело научиться ходить из-за физической слабости, но её умственное развитие совершенно не было нарушено. К тому времени, когда она смогла ходить, она уже пользовалась такими простыми английскими словами, как «молоко» и т.п. Но, конечно, наибольший восторг у меня вызывало то, как медленно и старательно она говорила «мама». Её любимой была игра, в которой я учила её, как называются разные части лица. Я показывала пальцем на свой глаз и говорила: «глаз». Затем я показывала на её глаз и ждала, пока она скажет: «глаз». Когда она выучила глаз, я повторила то же самое с носом, ртом и так далее.

Однажды, когда я уложила Тикву для дневного сна, неожиданно у моей двери появился г-н Кохен. Это было его первое посещение с тех пор, как я переехала в Маханех-Йехуда. Приложив палец к губам, я провела его в комнату, где Тиква спала в своей колыбели. Пару минут он, не отрываясь, смотрел на неё. Затем я увела его обратно в кухню и закрыла дверь

— Как она? — спросил он.

— Чудесно! — ответила я, — две недели назад она начала ходить.

— Хорошо, — помедлил г-н Кохен. Он не смотрел мне прямо в глаза. Я видела, что он что-то замыслил.

— Видите ли... — он снова замолчал. — Ну, всё дело в том, что Хадасса ушла от меня. Она уехала в Тель-Авив. Мне нужно разыскать её.

— Жаль, — сказала я.

— Я пришёл, чтобы забрать Тикву, — в первый раз он посмотрел мне в глаза, — Если Хадасса узнает, что Тиква со мной, она вернётся ко мне. Я возьму Тикву с собой в Тель-Авив.

— Возьмёте Тикву? — у меня вдруг пересохло в горле, — но разве вы не понимаете! Она очень слаба и не перенесёт этого. Её жизнь ещё раз подвергнется опасности.

— Я должен забрать её сейчас, — прервал меня г-н Кохен, — до автобуса на Тель-Авив осталось меньше часа.

— Но, господин Кохен... — У меня в голове вертелись разные аргументы, но слова улетучивались с моих губ. Во мне превозмогла сила, которая была намного сильнее моей воли и моих эмоций. К своему собственному удивлению я услышала, как говорю:

— Я одену её для вас.

Я пошла в спальню, собрала и сложила одежду Тиквы в коричневый бумажный пакет. Затем я подняла из кроватки саму Тикву и надела на неё, всё ещё полусонную, розовое платьице и белые туфельки. Она немного поворчала в протест, но тут же снова заснула в моих руках.

Вернувшись на кухню, я передала её отцу. Она открыла глаза, посмотрела ему в лицо и начала плакать. Он немного растерялся, и мне показалось, что он передумает. Затем его взгляд упал на коляску.

– Мне будет нужно это, чтобы она могла спать, – сказал он.

Когда г-н Кохен положил Тикву в коляску, я налила в бутылочку молока и положила её в коляску рядом с одеждой. Всё ещё поражаясь своим собственным поступкам, я помогла ему снести коляску вниз. Внизу Тиква на минуту перестала плакать и протянула ко мне руки, надеясь, что я подниму её. Я же вместо этого отвернулась и взбежала вверх по лестнице. Стоя возле окна своей спальни, я наблюдала, как г-н Кохен, толкая перед собой коляску, достиг Яффской дороги, а там смешался с прохожими и скрылся из виду. Самым последним из того, что я видела, была чёрная кипа на макушке его головы.

Наконец, я отошла от окна и медленно прошлась по квартире, ставшей пустой и ненавистной. Я больше не могла там оставаться. Я как можно скорее добралась до дома мисс Ратклифф и зашла в комнату к Нижмех.

– Отец Тиквы только что забрал её у меня, – прорвало меня, – и уехал в Тель-Авив. Я хотела препираться с ним, но что-то внутри меня не позволило мне этого сделать... О, Нижмех, зачем я это сделала?

Нижмех немного помолчала. Затем она сказала:

– Вы были правы. Спорить вам помешал Святой Дух. Помните, что как бы вы ни любили Тикву, Бог любит её больше!

– Но, Нижмех, она еще такая слабая! Её отец не сможет позаботиться о ней. Я знаю, что Бог вверил её мне. Я не понимаю...

Нижмех наощупь нашла мою руку.

– В такие минуты, – сказала она, – нам не нужно понимать. Нам нужно доверять.

– Помолись обо мне, Нижмех! Я так хочу довериться, но внутри меня бушует такая буря!

Мы долго сидели рядом, держась за руки. Наконец, она сказала:

— Я хочу поделиться с вами тем уроком, который я усвоила много лет тому назад, когда ослепла: доверие Богу – это не чувство, это решение. Мы не всегда можем изменить свои чувства, но мы можем проявить свою волю.

— Но как мне перестать волноваться о ней?

— У вас это не получится. Но вы можете решиться доверить её Богу, а затем запечатать это решение, заявив об этом вслух.

И тогда в присутствии Нижмех я приняла решение: «Что бы ни случилось, я буду доверять Богу – в вопросе с Тиквой, во всём, что касается меня самой – на всю оставшуюся жизнь!»

11. Капитуляция

Следующая неделя была временем непрестанного
конфликта. Я всячески старалась дисциплиниро-
вать свои мысли и подчинить их своему решению – доверять Богу независимо от чувств или обстоятельств. Я
старалась проводить как можно больше времени в изучении Библии и языка, но мне нужно было постоянно концент-
рировать своё внимание. Хуже всего были ночи. Вопросы о
Тикве осаждали мой ум. Вернулась ли жена к г-ну Кохену,
или же он присматривал за Тиквой сам? Давали ли ей нуж-
ную еду и прогуливали ли на свежем воздухе? Она постоянно была у меня перед глазами: в коляске у подножия
лестницы, с поднятыми руками, ожидающая, чтобы я взяла
её. Дважды я просыпалась посреди ночи и автоматически
шла к кроватке Тиквы, чтобы посмотреть на неё, и понимала,
что кроватка пуста.

Когда Шошанна услышала, что отец Тиквы забрал её от
меня для того, чтобы заполучить обратно свою жену, её
комментарий был кратким: «Все мужчины одинаковы – они
думают только о себе!»

От Шошанны новости распространились, как обычно,
по всем моим соседям. Разными путями они пытались выразить своё сочувствие. В следующую субботу, когда я пошла к Вере, чтобы помочь ей с лампой, она приготовила
мне подарок – лепешку с тмином, которую сама испекла.

Неделю спустя после того, как г-н Кохен забрал Тикву,
я пошла в банк и узнала, что у меня осталось всего восемь
долларов. Я была так занята Тиквой, что совсем не думала
о деньгах. Однако оглядываясь назад, я поняла, что в последний раз я получила деньги в конце апреля как дар от
«Кружка Лидии».

Однажды в конце июля я спустила свою корзину к Шошанне и подняла её обратно с буханкой хлеба, апельсина-
ми и инжиром. Я открыла свой кошелёк, положила его

содержимое в корзину и снова спустила её. Шошанна посчитала деньги и сказала:

— Ещё восемь центов!

— Сейчас у меня нет, — ответила я, — как только я получу деньги, я заплачу вам.

Шошанна не стала возражать, и я снова подняла пустую корзину.

Сколько можно прожить на хлебе и фруктах? Я перебивалась на своих продуктах четыре или пять дней, но наступил момент, когда я подошла к хлебнице, а хлеба там не оказалось. Я перевернула её и постучала по дну, но выпало всего лишь несколько крошек. Передо мной был факт: еды и денег нет. Я посмотрела на свой календарь — понедельник, 1-е июля.

— Хорошо, что сейчас у меня нет Тиквы, — сказала я сама себе, а затем подумала, — может быть, именно поэтому Бог допустил, чтобы её забрали у меня!

Я снова посмотрела на картинку календаря. Было ли это для меня напоминанием, что Добрый Пастырь всё ещё держит в руках Свою овечку? Но что мне было делать в моём положении? Возможно, Шошанна согласится отпускать мне в кредит, но я чувствовала, что так быть не должно. Или же я могла попросить о помощи мисс Ратклифф, но я знала, что ей едва хватало на собственные нужды.

Чем больше я рассуждала о своей ситуации, тем сильнее я чувствовала волю Божию на то, чтобы я обратилась к Нему за ответом. Я вспомнила, что однажды сказал пастор Расмуссен в Корсоре: «Бог встречается с нами там, где наши силы заканчиваются». Я не могла уйти от заключения, что Бог назначил мне встречу, и теперь Он ждёт меня.

Во время своего дневного чтения Библии я начала прослеживать путь Авраама с 12-й главы Бытия и далее. Я чувствовала, что из всех персонажей Ветхого Завета, Авраам был самым близким для меня. Я всё ещё помнила ту проповедь, которую произнес в пятидесятнической церкви Корсора Арне Конрад. Именно пример Авраама помог мне отказаться от своего положения в Корсоре. Теперь я хотела проследить этапы, которыми Бог вёл его после того, как он подчинился первоначальному призыву покинуть свою родную землю. По 22-ой главе я проследила, как Авраам послушался приказания Божия возложить своего сына Исаака в качестве жертвоприношения. Я видела, что Аврааму пришлось совершить трёхдневное путешествие с Исааком на гору Мориа – место, предназначенное для жертвоприношения. Я размышляла, а что думал Авраам во время этого долгого путешествия? Какую внутреннюю борьбу и вопросы он, должно быть, пережил! Бог дал Исаака Аврааму чудесным образом. Он очень хорошо знал, как Авраам любит его. И, тем не менее, теперь Он хотел забрать его. Трудно было понять, почему Бог хотел это сделать.

Остаток дня я провела в молитве и рассуждениях. Я постоянно молилась о Тикве, чтобы Бог показал её отцу, как заботиться о ней. К ужину я очень проголодалась. Мне пришлось сражаться с воспоминаниями моего накрытого обеденного стола в Корсоре. В конце концов, я выпила два стакана воды, и муки голода прекратились.

Во вторник утром я, как обычно, наведалась на почту, но мой ящик был пуст. Я пошла домой через Мусрару, чтобы переговорить с Нижмех, но я почувствовала внутри себя, что этого делать не надо. У меня должна быть встреча с Богом – и только с Ним. Мне недостаточно было бы даже самого лучшего человеческого совета или утешения.

В полдень я вернулась к 22-ой главе Бытия. Снова я представила себе Авраама по дороге на гору Мориа. Но на этот раз я не смотрела на него со стороны, а отождествилась с ним. Путешествие совершала я сама. Где-то впереди была моя «гора Мориа», место моего свидания с Богом. Авраам пришёл на гору на третий день. У меня пошёл второй день одиночества без пищи. Я знала, что завершу своё путешествие на третий день. «Завтра, – сказала я себе, – что-то случится».

В среду я снова пошла на почту, но, даже не открывая ящика, знала, что он пуст. Ничто не могло изменить моей внешней ситуации, пока я не достигну «горы Мориа» и не встречусь там с Богом. Возвращаясь домой с почты под палящим солнцем, я начала ощущать головокружение. Взобравшись по лестнице в свою квартиру, я еле стояла на ногах, мои колени дрожали, и мне пришлось прислониться к стене. Войдя внутрь, я повалилась на кровать. Комната поплыла перед моими глазами. В конце концов, я задремала.

Вдруг я проснулась. У меня было очень сильное впечатление, что сейчас со мной заговорит Сам Бог. Я спокойно лежала на кровати.

– Я хочу, чтобы ты вернула Тикву Мне! – Голос наполнял всю комнату, хотя я не слышала никаких звуков.

– Но, Господи, – ответила я, – отец Тиквы забрал её, и она уже не у меня.

– Ты позволила, чтобы отец забрал её, – пришёл ко мне ответ, – но ты никогда не отдавала её Мне. Ты всё ещё держишься за неё своей волей. Я могу благословить только то, что полностью подчинено Мне.

В моей комнате был Сам Бог. Я была ошеломлена. Я почувствовала себя такой маленькой и незначительной. Тем не менее, Бог снизошёл, чтобы заговорить со мной.

Я спокойно выскользнула из своей кровати и встала на колени, склонив голову. Затем я начала молиться. Слова приходили медленно одно за другим: *«Господи, я отдаю Тикву Тебе. Ты дал её мне. Теперь я возвращаю её Тебе. Она Твоя! Будет ли она жить или умрёт, увижу я её снова или нет – она Твоя! Да будет воля Твоя, а не моя!»*

Постепенно мною овладел глубокий внутренний мир. Я знала с непоколебимой уверенностью, что Тиква была в руках Божиих, и что Бог исполнит Свою волю в её жизни. Никто и ничто на земле не могли помешать этому. Я не перестала любить её. Моё сердце всё ещё стремилось к ней, но во всём этом был самый совершенный мир. Та буря, которая бушевала во мне три недели, прекратилась.

Отправившись на почту на следующий день, я почувствовала, как всё внутри меня очистилось. Я не ела четыре дня, но не было и следа физической слабости. Моё сердце было переполнено самой глубокой и чистой любовью, которую я когда-либо испытывала: любовью к детям, играющим на улице, любовью к слепому нищему на тротуаре и, более всего, к Иерусалиму. Я вспомнила тот вопрос, который я задала сама себе в день своего приезда. Можно ли было любить пыль и камни? Теперь я знала ответ. Да, это было возможно! Бог ответил на мою молитву и даровал мне частицу Своей собственной любви к Иерусалиму.

На ступенях почты я столкнулась с мисс Густафссон.

– Неужели это вы, мисс Кристенсен! – сказала она, – теперь у вас нет коляски.

– Нет, – ответила я, – отец ребёнка забрал её.

– Всё это к лучшему, мисс Кристенсен, всё к лучшему! Теперь вам легче вернуться в Данию!

Громкий смех, последовавший за словами мисс Густафссон, был как нож в рану моего сердца.

– Все мы должны уехать, или же нас поубивают прямо в постелях! Я забронировала билет в Швецию на конец месяца. Возможно, вы сможете достать билет на то же самое судно – оно заходит в Копенгаген.

– Благодарю вас, – ответила я, как можно вежливее, – но я не собираюсь уезжать.

В тот день в моём почтовом ящике было два письма, оба из Дании. Одно было от мамы, и я открыла его первым. Там был денежный перевод на сто двадцать долларов. В письме объяснялось, почему были высланы эти деньги: «По радио мы слышим, что в Иерусалиме ожидают столкновений между арабами и евреями... Пожалуйста, купи себе билет на первое же судно, отплывающее в Европу... Я с нетерпением жду тебя... Твоя любящая мама».

Некоторое время меня почти парализовало. К боли в моём сердце за Тикву теперь прибавилось желание увидеть маму. Был ли чек от неё обеспечением Божьим для меня? Возможно, Бог устроил, чтобы я встретила мисс Густафссон именно сейчас, чтобы я узнала о судне, отплывающем в Копенгаген.

«В конце концов, – рассуждала я, – Тикву у меня забрали». Я действительно чувствовала, что отдала её в руки Божьи. Никто больше в Иерусалиме не нуждался во мне. Следовало ли мне вернуться домой, где меня любили и нуждались во мне? Я могла представить себе ту радость, с которой мама получила бы письмо с вестью, что я возвращаюсь домой.

Я открыла второе письмо. Оно тоже было из Дании, и в нём был международный перевод на десять долларов. Единственными словами были: «Для Вашей работы в Иерусалиме». Не было ни обратного адреса, ни фамилии отправителя.

Я оказалась на перекрёстке! Куда пойти? Принять ли деньги от мамы и вернуться домой, или же принять гораздо меньшую сумму – Божие обеспечение для меня в Иерусалиме? Я не решалась сделать свой собственный выбор. Стоя перед ящиком, я склонила голову и закрыла глаза:

– Господи, – прошептала я, – покажи мне тот путь, который Ты приготовил для меня. Пусть выбор будет Твоим, а не моим!

Прошло несколько минут, и ничего не изменилось. Затем перед моим взором пронеслась серия оживших картин. Это было то, что я видела утром на улице: играющие дети, слепой нищий, женщины с корзинами на головах, нагруженные животные вперемешку с людьми. Позади всего этого была неровная линия Старого Города на фоне безоблачного голубого неба. По мере того, как передо мной представала каждая сцена, моё сердце переполнялось любовью, той самой любовью, которую поместил в моё сердце Сам Бог.

Я получила ответ на свой вопрос! Это был тот же самый ответ, который я получила в подвале мисс Ратклифф накануне Рождества. Мои планы и чувства были на человеческом уровне, они менялись и были непостоянными. Но цель Божия была на ином уровне, и она оставалась неизменной. Моё место было в Иерусалиме!

Я подошла к стойке и получила десять долларов по переводу. Затем я наскоро написала письмо матери, благодаря за её любовь и заботу, но объясняя, что я не собираюсь уезжать из Иерусалима. Я положила в конверт её перевод и отослала обратно.

Однажды утром на следующей неделе я проснулась с сильным предчувствием. Что-то очень важное должно было произойти! Я лежала в постели, пытаясь представить, что же может принести этот день, но безуспешно. Наконец, я стала читать свою порцию Нового Завета на тот день, которая начиналась с одиннадцатой главы Послания к Евреям. Прочитав первые несколько стихов, я с удивлением обнаружила, что я вновь прослеживаю историю Авраама. Может быть, Бог хотел показать мне ещё что-то относительно Авраама? Послание к Евреям наглядным образом прослеживало историю Авраама, кульминационным моментом которой было приношение Авраама на горе Мориа. Но здесь было подчеркнуто то, чего я не заметила в книге Бытие: Авраам никогда не сомневался, что Бог вернёт ему Исаака, даже если это означало воскресение из мёртвых. Это изменило мой собственный взгляд на обстоятельства.

Читая Бытие на прошлой неделе, я чувствовала себя одним целым с Авраамом во время его испытания – долгого путешествия для совершения жертвоприношения на горе Мориа. Но теперь я представила, как он сошёл с горы после окончания испытания. Это был триумф веры! С высоко поднятой головой и сияющим лицом он спускался по каменистому склону. Рядом с ним шёл ребёнок, которого он отдал Богу и получил обратно от Бога. В его ушах всё ещё звучало обетование, которое было дано ему с неба: *«Благословляя благословлю тебя и умножая умножу семя твоё, как звёзды небесные»* (см. Бытие 22:17; Евреям 6:14).

– Твоё семя, – сказала я, – это был Исаак! Бог не просто вернул Исаака – Он вернул его, неисчислимо умножив семя.

Урок всей этой истории был так ясен, что я набросала его внизу страницы: *Сначала Бог даёт нам. Затем мы возвращаем Богу. В конечном итоге Бог возвращает нам, благословив и приумножив превыше всякого нашего ожидания.*

Мои рассуждения были прерваны громким стуком в дверь. На лестничной площадке стояла маленькая хрупкая женщина в выцветшем ситцевом платье с цветным покрывалом на голове.

– Мисс Кристенсен, вы помните меня? – спросила она по-арабски.

Я внимательно посмотрела на неё.

– Нет, – ответила я на этом же языке, – боюсь, что нет.

– Я мать Тиквы!

Я видела её только, как фигуру, завёрнутую в шаль, в той тёмной комнате, напоминающей пещеру.

– Извините меня, – сказала я, благодарная за многочасовые занятия языком, которые позволяли мне теперь разговаривать с ней, – теперь я вспомнила. Пожалуйста, проходите!

– Нет, я не могу оставаться! Но я пришла, чтобы попросить вас кое о чём. Не могли бы вы опять забрать Тикву? Она с её отцом в Тель-Авиве. Вот адрес, – она вручила мне кусочек бумаги.

– Значит, вы не живёте вместе с вашим мужем?

– Нет, мисс Кристенсен, я не могу жить с этим человеком! Он не обеспечивает меня – он обрекает меня на голод. Я сама поехала в Тель-Авив, чтобы найти работу, но так и не нашла.

– А если ваш муж, г-жа Кохен, не отдаст мне Тикву?

– Мисс Кристенсен, помолитесь! – она сжала обе руки, – Я знаю, что он отдаст её! Он обязан! Иначе она умрёт.

Через минуту она спустилась по лестнице и поспешно пересекла двор.

Я посмотрела на свои часы – девять часов! Остановившись только для того, чтобы взять сумку, я отправилась на автобусную станцию. Через полчаса я ехала в Тель-Авив. Мой ум был занят вопросами. Что я скажу г-ну Кохену? А что, если он откажется отдать Тикву? Чем больше я пыталась представить всё заранее, тем больше возникало проблем. Наконец, я сказала: «Господи, я ничего не буду планировать, и не буду готовиться никак! Я доверяюсь

Тебе, чтобы Ты дал мне подходящие слова, когда они будут нужны мне!»

Сойдя с автобуса в Тель-Авиве, я поспешила по адресу, который мне дала г-жа Кохен. Это было примерно в двух километрах от автобусной станции. Дверь открыла женщина, которая говорила по-немецки. Она сказала, что г-н Кохен снял у неё комнату, но сейчас он в поисках работы. К счастью, моего немецкого было достаточно, чтобы вести простой разговор.

— Есть ли у него маленькая девочка? – спросила я.

— Да, он держит её в коляске в своей комнате, – добавила она.

— Не могла бы я взглянуть на неё? Меня послала её мать.

Женщина ненадолго задумалась, но потом провела меня в глубину дома. Детская коляска стояла под окном. Я быстро подбежала к ней и заглянула внутрь. На Тикве было то же самое розовое платьице, которое я надела на неё, когда отец забрал её, но оно так выцвело и запачкалось, что его нельзя было узнать. Её щёки поблёкли, а на лбу была открытая рана.

Когда я наклонилась над ней, она открыла глаза и посмотрела на меня пустым, ничего не видящим взглядом. Затем в её глазах вспыхнула искра – она узнала меня. Затем она потянулась ко мне и прикоснулась к моему глазу.

— Глаз, – сказала она почти шёпотом. Затем она снова закрыла глаза.

Хозяйка дома, извинившись, ушла. Я села на единственный в комнате стул и начала усиленно молиться: «Господи, дай мне слова!»

Через сорок минут я услышала голоса в прихожей. В следующую минуту в комнату вошёл г-н Кохен. Перешагнув порог, он остановился как вкопанный.

— Мисс Кристенсен! – сказал он, – как вы попали сюда? – Он посмотрел на меня, как будто я была привидением.

Стоя перед ним, я почувствовала в себе действие той

же самой силы, которая удержала меня от споров с ним, когда он пришёл за Тиквой. Но теперь мне были даны слова, чтобы говорить, – слова, наделённые властью, гораздо большей моей.

– Ваша жена послала меня забрать Тикву, – сказала я, – Тиква снова заболела, и вы не в состоянии смотреть за ней. Если вы оставите её здесь, она умрёт.

На этот раз слов не было у г-на Кохена. Два или три раза он открывал рот, но слов не было.

– Пожалуйста, помогите мне вынести коляску, – продолжала я, – я заберу её с собой в Иерусалим.

Я ни спорила, ни повышала голос, но действие моих слов на г-на Кохена было удивительным. Его руки по-настоящему дрожали, когда он взялся за коляску. Мы вдвоём вынесли её на улицу.

Когда мы пришли на автобусную станцию, г-н Кохен помог мне пристегнуть коляску к багажной раме на крыше автобуса, пока я устраивалась внутри с Тиквой на руках. Когда автобус отъезжал, г-н Кохен махал нам вслед рукой. В первый раз я увидела, как он улыбается. Я поняла, что он освободился от бремени, которое он не мог нести.

В автобусе Тиква прижалась ко мне из всех сил. Иногда она поднимала свой палец к моему глазу или носу, но ей не хватало сил, чтобы произнести слова. В ответ ей я тихонько напевала её любимые песни. Наше общение было глубже всех слов. Моё сердце было переполнено любовью к ней и благодарностью к Богу за то, что Он вернул её мне. Я представила себе Авраама, когда он спускался с горы Мориа, а Исаак шёл рядом с ним. «Мне кажется, я знаю, что он чувствовал», – сказала я сама себе.

Когда я везла коляску мимо магазина Шошанны, она заметила нас через открытую дверь.

– Это Тиква! – воскликнула она, – вы взяли её обратно!

Когда я рассказывала ей о том, что случилось, она наклонилась над коляской, лепеча с Тиквой на идише. Затем она пошла в магазин и вернулась с двумя банками молока Я начала открывать свой кошелёк, но Шошанна отмахнулась.

— Подарок от еврейской мамы еврейскому ребёнку!

Вернувшись в квартиру, я смогла внимательно осмотреть Тикву. Она и похудела, и ослабла. Я уже знала о ране на лбу, но я обнаружила и другие на спине, которые распухли и загноились. Я бы побоялась трогать их без квалифицированной медицинской консультации. В целом, Тиква была ужасно слабой и болезненной. Но самое главное было то, что Бог вернул её мне. Он не подведёт меня!

Затем я задумалась о своих финансах. Десятидолларовый подарок от анонимного благодетеля в Дании уже почти был исчерпан. Это была вторая неделя июля, а я всё ещё не заплатила двенадцать долларов за квартиру. Когда отец Тиквы забирал её, я отдала самую лучшую одежду, которую от волнения забыла забрать назад. Мне придётся покупать новое. А также предстоят медицинские расходы...

— Мне нужна приличная сумма, — сказала я наполовину себе, наполовину Богу, — по крайней мере, пятьдесят долларов! — Это было одновременно и провозглашение, и пожелание, и молитва.

На следующий день в моём почтовом ящике было письмо из Дании! От возбуждения я посмотрела на имя отправителя — Эрна Сторм! Мой восторг сменился разочарованием. О чём это Эрна могла писать мне? Да, она действительно однажды послала мне пять долларов через Кристин Сондерби, но подобная сумма не покрыла бы мои сегодняшние нужды.

Когда я начала читать письмо Эрны, мои чувства снова изменились — от разочарования к изумлению:

Дорогая Лидия,

Я должна начать с того, что прошу Вашего прощения за всё то плохое, что я сказала о Вас, когда два года назад Вы приняли водное крещение. Боюсь, что мне понадобилось много времени, чтобы убедиться, как я была неправа, но Бог был так добр и терпелив ко мне.

Я не могу рассказать Вам всего, что случилось с тех пор, как Вы уехали из Корсора, но в воскресенье 23-го июня я тоже приняла драгоценный дар Святого Духа, а примерно неделю спустя, я, как верующая, была крещена пастором Расмуссеном! Как Вы думаете, где это произошло? В Стор-Баэльте!

Конечно, все в школе говорят обо мне точно так же, как говорили о Вас. Но теперь я понимаю, почему Вы могли оставаться такой спокойной и счастливой при всём этом. На этот раз мой случай не будет разбираться в высших инстанциях. Вопрос был решён раз и навсегда, когда парламент принял решение в Вашем случае.

Теперь мы с Кристин Сондерби и Вальборг встречаемся каждую неделю, чтобы молиться за Вас. Политическая ситуация кажется серьёзной, но мы провозглашаем для Вас обетование из Псалма 33:8: «Ангел Господень ополчается вокруг боящихся Его и избавляет их».

Мы прилагаем дар от нас троих.

Благодарная Вам, Эрна.

Я ещё раз заглянула в конверт и вытащила оттуда листок бумаги. Это был денежный перевод – на девяносто долларов!

На то, чтобы понять случившееся, мне потребовалось несколько минут. Бог не просто послал мне нужные деньги, почти в два раза больше, чем я осмелилась пожелать. Он совершил нечто более чудесное – Он ответил на мою молитву об Эрне. Разве могла я верить, когда уезжала из Корсора девять месяцев тому назад, что Эрна, Кристин и Вальборг когда-то будут собираться вместе, чтобы молиться обо мне?

12. Осада

Стоя за прилавком, Шошанна прервала наразреза-
ние салями. Когда она была возбуждена, ей нужно было жестикулировать обеими руками.

– Почему это всегда случается с нами, евреями? –
сказала она, – В Европе нам не давали покоя христиане,
здесь – мусульмане! Всю эту неделю идут непрестанные
стычки. Даже у Стены Плача! Я говорю вам, это не к добру!

– Разве вы не думаете, что Великобритания положит
конец всему этому? – спросила я.

– Великобритания! – фыркнула Шошанна, – Они только
и делают, что назначают комиссии! А какая нам от этого
польза? Если мы не научимся, как самим защищаться, то
никто нас не защитит!

Шошанна вручила мне мое салями, и в то же самое
время дала дольку апельсина Тикве, которая стояла рядом
со мной. Несколькими минутами позже я шла по Яффской
дороге, а Тиква семенила рядом со мной, держась за мою
руку.

Прошло полтора месяца с тех пор, как я привезла Тикву
из Тель-Авива. Доктор сказал, что назвал бы её выздоров-
ление за последнее время «феноменальным». «Чудесным», – поправила я его про себя. Теперь я могла брать её
на короткие прогулки без коляски. Когда она уставала, я
поднимала её и сажала себе на плечи. Такие поездки с её
ногами вокруг моей шеи и руками, обвитыми вокруг моего
лба, стала её новой игрой.

Я стояла перед обувным магазином, раздумывая, могу
ли я позволить себе купить пару маленьких детских санда-
лий для Тиквы, когда заметила, что крики вокруг меня стали
громче. Повернувшись в ту сторону, откуда раздавался
шум, я увидела бегущую толпу. Впереди бежали женщины
с растрёпанными волосами, которые истерически кричали и
били себя в грудь. Сначала я подумала, что это похороны,

но толпа двигалась слишком быстро.

Я схватила Тикву на руки и быстро сошла с дороги и втиснулась в щель шириной около полметра между обувным магазином и соседней торговой лавкой. Стараясь не двигаться, я наблюдала, как мимо меня бежали люди. За женщинами следовали мужчины и мальчики. Это были евреи, судя по кипам на голове. У них было самое разнообразное оружие: топоры, ломы, ножи для мяса и даже хлебные ножи, привязанные к черенкам от мётел.

Постепенно поток людей начал иссякать, но люди всё шли и шли – по одному или по двое – как мужчины, так и женщины. Мимо проковылял бородатый мужчина, который держал у головы окровавленный носовой платок. Из-под его платка текла кровь, которая запеклась на его бороде.

Через несколько минут я услышала рыдания. В нескольких метрах от меня прошла молодая женщина. Я сразу же заметила неподвижное тело мальчика, которое она прижимала к себе. Лицо ребёнка было смертельно бледным, а его голова была запрокинута. Между рыданиями женщина снова и снова повторял его имя: «Ами – Ами – Ами».

Наконец, на улице не осталось никаких признаков движения. Тиква начала ёрзать. Я не могла оставаться до бесконечности в этой узкой щели между двумя стенами. Стоит ли попытаться вернуться в Маханех-Йехуда? Я слегка высунула свою голову наружу, чтобы оценить обстановку, когда где-то на улице услышала жёсткий щелчок и пронзительный звук. Несомненно, это была пуля! ... Я только ко еще глубже втиснула Тикву в наше укрытие.

Спустя несколько минут отсутствия какой-либо видимой активности, я сантиметр за сантиметром высунула голову, пока не смогла осмотреть улицу в обоих направлениях. Первое, что бросилось мне в глаза, это была перевёрнутая ермолка, лежащая посреди дороги. Но сама улица была совершенно пуста в обоих направлениях.

Обхватив Тикву руками, я начала что было духу бежать по Яффской дороге в Маханех-Йехуда. Тиква схватила меня за шею и держалась за меня изо всех сил. Свернув с улицы туда, где находился наш небольшой квартал, я растерялась от неожиданности и на минуту остановилась. Над всем нависла зловещая тишина. Обычно здесь играли дети, стирали женщины, но сейчас никого не было видно. Все двери и окна были закрыты. Я постучала в две квартиры: «Шошанна! Вера!», – но оттуда не было никакого ответа.

На углу здания я наступила на маленький круглый предмет, который начал катиться под моей ногой и из-за которого я чуть не упала. Я посмотрела вниз. Это была пуля! Инстинктивно я осмотрелась вокруг, чтобы увидеть, кто мог выстрелить, но никого не увидела. Я взбежала по лестнице, перепрыгивая через две ступеньки, и ворвалась в свою комнату. Дверь за мною оставалась открытой ровно столько мгновений, сколько потребовалось мне, чтобы положить Тикву в кроватку. Я не только заперла входную дверь, но и придвинула к ней кухонный стол. Затем я закрыла оконные ставни во всех комнатах и припала, всё ещё тяжело дыша, к стене спальни.

Отдышавшись, я с величайшей осторожностью приоткрыла на пару сантиметров ставни в окне надо мной и выглянула на улицу. Маханех-Йехуда выглядел, как осаждённый город. Вдоль Яффской дороги, сколько мог видеть глаз, перед дверями, окнами и на балконах каждого дома были нагромождены камни. С какой целью? Чтобы преградить дорогу пулям или же чтобы бросать во всякого, кто попытается напасть? Я не могла не прийти к выводу, что это жалкая защита, когда у арабов есть в наличии винтовки.

Некоторое время спустя из домов по обеим сторонам Яффской дороги постепенно – по двое и трое – начали появляться мужчины и женщины, и возводить уличные заграждения. Женщины извлекали камни из мостовой дороги или свободных участков. Другие заполняли пустые керосиновые канистры песком. Затем они передавали всё это мужчинам, которые укладывали их друг на друга, перегораживая Яффскую дорогу по всей её ширине. Как только баррикада была построена, как мужчины, так и женщины сразу исчезли из вида.

Однако в нашем крошечном квартале не было никаких признаков жизни и движения. Тишина действовала на нервы. Может быть, все мои соседи сбежали или же некоторые из них забаррикадировались в своих квартирах, как я?

Августовское солнце немилосердно нагревало крышу, воздух был почти неподвижным, и жара в квартире вскоре стала проверкой на выносливость. В то же самое время закрытые ставни создавали искусственный полумрак, что значительно усиливало атмосферу сумрака и изолированности.

Если нам предстояло быть в таком затворничестве долгое время, то мне следовало бы проверить свои запасы. Если экономить, то еды хватит на пару дней. Я особенно была благодарна за маленькую банку молока. Но когда я заглянула в глиняный кувшин, где я держала воду, моё сердце поникло. Воды было немного – менее литра. Уходя на прогулку с Тиквой, я собиралась сразу по возвращении сходить к крану в общем дворе и пополнить водные запасы. Стоит ли мне прямо сейчас сбегать к крану и наполнить свой кувшин? Это означало пройти метров тридцать по открытому двору. Едва я задала себе этот вопрос, как снова началась стрельба где-то на восток от нас. Время от времени я слышала свист пуль за домом. Выставить себя на открытом пространстве в дневное время было бы сумасшествием. Если в меня попадёт пуля, и я не смогу вернуться в квартиру, что тогда случится с Тиквой? Я начала винить себя за то, что не подготовилась. В конце концов, несколько человек предупредили меня, что беспорядки будут.

Помимо жары и нехватки воды, моей величайшей проблемой было отсутствие информации. Я бы никогда не поверила, что город таких размеров, как Иерусалим, мог быть таким безмолвным в дневное время. Почти облегчением было слышать ружейные выстрелы, нарушающие мертвую тишину. Я тщетно пыталась представить себе, что происходит. «Если я переживу это», – сказала я сама себе, – «то, прежде всего, приобрету переносной радиоприёмник».

Когда опустилась ночь, ко мне пришло чувство полной изоляции. Даже в лучшие времена Маханех-Йехуда освещался очень скудно. Но сейчас нигде не было видно даже отблеска огонька: ни на улице, ни в домах, и я не осмеливалась зажечь свет у себя.

Время от времени я подходила к окну и выглядывала через щели в ставнях, но видела только очертания домов на фоне звёздного неба. Один раз я различила фигуру человека, который, согнувшись, бежал между домами. Минуту или две позже я услышала мягкие следы шагов по песку прямо под моим окном, и тогда моё сердце начало учащенно биться в грудной клетке. Но шаги затихли, и снова опустилась тишина, нарушаемая только уже обычными одиночными выстрелами.

К полуночи небо над Старым Городом осветилось слабым красным сиянием, которое длилось часа два, затем медленно угасло. Непроизвольно я представила себе дома, объятые пожаром, и подумала о судьбе людей внутри. Наконец, я улеглась на кровати, не раздеваясь, и попыталась заснуть, но безуспешно. Слишком хорошо я помнила слова мисс Густафссон на ступеньках почты: «Нас всех убьют в наших кроватях!»

На следующее утро ситуация внешне не изменилась. Двери и окна везде были закрыты, улицы пустынны. Я ухаживала за Тиквой, как только могла. Выкупать её было нельзя. Я решила, что лучше всего использовать воду, которая у нас осталась, смешивая её с молоком, чтобы этой смесью кормить Тикву из бутылочки. Я и сама выпила несколько небольших глотков этой смеси.

Около полудня я положила Тикву обратно в кроватку, чтобы она поспала. К тому времени чувство изолированности становилось уже невыносимым. Без радио, без газет, без всякого общения с моими соседями у меня оставался только один источник информации – Библия. Сидя за столом с закрытой Библией передо мной, я сказала: «Господи, если в этой Книге есть такое, что поможет мне понять происходящее и ту роль, которую Ты приготовил для меня, пожалуйста, покажи мне это сейчас». Затем я открыла Библию.

На странице, которую я открыла, мне бросились в глаза два стиха из Книги пророка Исаии, которые я уже подчеркнула синим карандашом: *«На стенах твоих, Иерусалим, Я поставил сторожей, которые не будут умолкать ни днём, ни ночью. О, вы, напоминающие о Господе! не умолкайте, – не умолкайте пред Ним, доколе Он не восстановит и доколе не сделает Иерусалима славою на земле»* (Книга пророка Исаии 62:6-7).

«Стражи на стенах Иерусалима, которые не умолкнут» – Должно быть, это описание молящихся людей, – подумала я, – молящихся с невероятной ревностью и настойчивостью. Их молитвы сфокусированы на одном месте – на Иерусалиме». Но почему на Иерусалиме? Чем этот город отличался от других? Я начала перелистывать страницы Библии, ища ответ на этот вопрос.

Спустя четыре часа я видела всё уже в совершенно другом свете. Меня как будто подняли высоко-высоко от земли, и я глядела на этот мир с Божьей точки зрения. На земле, как я видела, есть установленный Богом центр: Иерусалим. Из этого центра, согласно Божьему плану, истина и мир должны изливаться по всей земле; именно сюда вернётся поклонение и приношения всех народов. Единственная надежда для земли заключается в осуществлении этого плана. Кроме Иерусалима, не было никакого другого источника мира.

Это придало новый смысл знакомым словам Псалма 121: *«Просите мира Иерусалиму»*. Теперь я воспринимала это не только как призыв молиться за один город в стране, которая занимала крошечную часть земной поверхности. Результаты этой молитвы благословят все страны и народы. Мир всей земли зависел от мира Иерусалима. Почему тогда именно этот города так страдал – больше других городов – на протяжении трёх тысячелетий от всего, что было прямой противоположностью мира: от войн, массовых убийств, разрушений и рабства? Я видела только одно объяснение: *Иерусалим является полем битвы духовных сил.*

Некоторые прочитанные отрывки совершенно убедили меня, что в мире действовали злые силы: *«начальства и власти»,* как их назвал Павел, – которые преднамеренно и систематически противились как целям Божьим, так и Его народу. Нигде в мире эта оппозиция не является более интенсивной и сконцентрированной, как в Иерусалиме. Божье избрание этого города быть центром благословения для всего мира, сделало его мишенью враждебных сил зла. Я начала видеть Иерусалим как сцену, на которой этот вселенский конфликт между добром и злом действительно достигнет своей развязки – той кульминации, которую давно предсказали пророки, и которая теперь была очень близка. Вот почему проблемы Иерусалима никак не удавалось разрешить чисто политическими методами, насколько я могла судить по ситуации вокруг меня. Ни политики со своими конференциями, ни генералы со своими армиями не могли решить проблемы Иерусалима. Ответ нужно было искать на более высоком уровне. На духовную силу нужно реагировать духовно. Победить оппозицию сил зла можно было только одной силой: силой молитвы.

Я ещё раз вернулась к Псалму 121: *«Просите мира Иерусалиму».* Я почувствовала Божественное ударение на слове *«просите».* Ничто не могло принести мир Иерусалиму, кроме молитвы.

«Молоко, мама, – молоко!», – плач Тиквы в кроватке прервал мои рассуждения. Обнаружив, что её одежда промокла от пота, я сняла её и оставила Тикву в пелёнках. Затем я добавила в треть стакана воды немного молока и дала ей. Я и сама хотела глотнуть, но передумала. У нас оставался примерно стакан воды и наполовину меньше молока. Пока мне не удастся возобновить наши запасы, я должна всё оставить для Тиквы.

Некоторое время я держала Тикву на руках, пытаясь успокоить её. Когда она снова заснула, я положила её обратно в кроватку и вернулась к Библии. От возбуждения познания новых истин, которые открывались мне, я забыла о своей жажде и зловещем полумраке моей квартиры. Поиск

плана Божьего для Иерусалима естественным образом привёл меня к Его плану для Израиля. Я обнаружила, что это
взаимосвязано и не может быть отделено одно от другого. В
тех же самых пророчествах, которые обещали милость и
восстановление Иерусалиму, было обещание того же самого Израилю. Первое не могло быть исполнено без второго.

И как много обетований восстановления Израиля я нашла! От начала и до конца пророческие книги были пере-
полнены ими. Я задумалась, а насколько эти пророчества
уже исполнились? В течение десятилетия после войны
1914-1918 годов текла тонкая, но постоянная струйка евреев, возвращающихся в свою землю. Но, если я правильно
понимала то, что читала, это было прелюдией к чему-то гораздо более грандиозному. Бог фактически посвятил Себя
через Своих пророков на то, чтобы снова восстановить Израиль, как независимый народ в его собственной земле.
Для этого, как Он провозгласил, Он может обуздать все
силы, определяющие ход истории.

Подобно пророкам Ветхого Завета, апостол Павел про-
возглашает обетование полного восстановления: *«Весь Израиль спасётся»* (Послание Римлянам 11:26). Он очень
ясно говорил, что Божий план восстановления всей земли
включает в себя восстановление Израиля и не может быть
осуществлён без последнего. Он также напоминал христианам из язычников, к которым он обращался, что они обяза-
ны Израилю всем своим духовным наследием, и он бросал
им вызов оплатить свой долг милостью: *«...чтобы и сами
они (Израиль) были помилованы»* (31 стих).

«Какое ужасно искажённое представление было все эти
годы у нас, христиан, – в конце концов, сказала я себе –
мы вели себя так, как будто мы сами по себе самодостаточ-
ны, не должны ничего ни Израилю, ни Иерусалиму, не нуж-
даясь ни в чём от них. Но всё дело в том, что Божий план
мира и благословения для всех народов никогда исполнит-
ся, пока не будет восстановлен как Израиль, так и Иерусалим. И Бог ожидает, чтобы мы были Его соработниками в
деле достижения этого».

Просил ли сейчас меня Бог об этом – принять мою личную ответственность за Иерусалим и занять моё место среди «стражей» на стенах, молясь день и ночь за осуществление плана Божьего? Может быть, именно для этого Он и привёл меня из самой Дании?

Чем больше я размышляла над этим, тем отчетливее это становилось. Среди всей окружающей меня напряжённости ко мне пришло чувство освобождения. У меня было такое впечатление, что наступил конец долгих поисков. Только два года тому назад, слушая проповедь д-ра Карлссона в пятидесятнической церкви в Стокгольме, я впервые попросила Бога показать моё предназначение в жизни. С тех пор Он раскрывал Свою цель шаг за шагом. Он привёл меня в Иерусалим. Он дал мне заботу о Тикве. Он поместил меня, как Своего посла в Маханех-Йехуда. Это были формы служения людям. Возможно, в своё время к этому прибавится ещё что-то. Но теперь я поняла, что Бог говорил со мной о служении на более высоком уровне – не людям, а Ему Самому. Во время этого осадного дня Он открыл мои глаза на Свой собственный неизменный план для Иерусалима и всей земли, – план, который выходил за пределы всех личных нужд и ситуаций. В свете того, что Он сейчас показал мне, Он просил меня занять своё место как сторожа, ходатая, осуществляя через молитву ту единственную силу, которая может привести Его план в исполнение. У меня было такое впечатление, что таким образом я присоединюсь к великой армии таких стражей, которая уходит вглубь веков, но которая всё ещё находится в предвкушении зари нового века.

Получив новое откровение воли Божьей для меня, я, как всегда, почувствовала себя слабой и неспособной на это. Но я уже поняла, что должна полагаться на Его силу, а не на свою собственную. Я склонила голову над своей Библией. «Господи, – сказала я, медленно и осторожно подбирая слова, с таким чувством, что они записываются на Небесах, – с Твоей помощью я займу предназначенное мне место – место стража на стенах Иерусалима».

Когда наступила ночь, я отдала Тикве всё остававшееся молоко и воду. У меня больше не было выбора. Как бы это ни было опасно, когда окончательно стемнеет, я должна пробраться во двор и принести воды. Не раздеваясь, я лежала на постели и ждала полуночи. Время от времени я светила фонариком на циферблат своих наручных часов. Не помню, чтобы когда-то часы тянулись так медленно. Тишина ночи прерывалась только редкими выстрелами, но насколько я могла судить, это было далеко от нашего дома. Наконец, я непроизвольно задремала. Внезапно проснувшись, я попыталась вспомнить, почему я лежала одетой на кровати. Затем, когда вернулось чувство жажды, я всё вспомнила – осаду, стрельбу, тишину, закрытые ставни домов. Я нащупала свой фонарь и сразу же посветила на свои часы. Был почти час ночи. Это было самое лучшее время, чтобы пойти за водой!

Убедившись, что Тиква спит, я потихоньку отодвинула кухонный стол от входной двери. Затем я взяла ведро, открыла дверь – сантиметр за сантиметром – и вышла на лестничную площадку, напряжённо прислушиваясь к любому шуму. Всё было спокойно. На цыпочках я спустилась по лестнице и прокралась на задний двор, подставила ведро под кран и открутила его. В кране пошумело, но воды не было. Секунду или две я стояла как вкопанная с ведром в одной руке, а другой рукой держась за кран. Затем правда пронзила меня как молния – воды не было! Кто и каким образом непонятно, но во время мятежа её отключили!

Мой ум отказывался думать о последствиях. В тот момент было важно только одно: я должна вернуться обратно в квартиру к Тикве! Точно также быстро и бесшумно, как пришла, я на цыпочках вернулась обратно с пустым ведром в руке. Тиква продолжала спать. Я снова легла на постель и попыталась оценить обстановку. Нам с Тиквой нужна была вода. Но где её взять? Единственным местом, которое пришло мне на ум, был дом мисс Ратклифф. У неё была своя собственная цистерна, и она не зависела от общего водоснабжения.

Я попыталась представить, что для этого надо и как это будет. Расстояние между нашими домами было только пару километров, но наверняка, по пути нам предстоит преодолеть баррикады. Это означало, что я не могу взять коляску. Мне придётся нести Тикву на плечах. Где-то на полпути к дому мисс Ратклифф мне надо будет перейти из еврейского района в арабский. Это будет самый опасный момент. Обе стороны наблюдают за любым движением друг друга.

Когда мне отправляться в путь? Я решила попросить Бога о знамении. «Господи, – сказала я, – пожалуйста, пусть Тиква спит до того времени, когда мы сможем идти. Как только она проснётся, я буду знать, что мы должны идти».

К моему удивлению в то утро Тиква спала гораздо дольше, чем обычно. Ожидая её пробуждения, я ещё раз внимательно осмотрела обстановку из окна. Всё та же молчаливая пустота! Затем из дома вдалеке на Яффской дороге выскользнул мужчина и, низко согнувшись на уровне баррикад, быстро пересёк улицу и исчез в проходе между двумя домами на противоположной стороне. Я не могла разобрать, что он нёс в руках: палку или ружьё? Кроме этого, я не видела никаких признаков деятельности.

Примерно в половине восьмого Тиква проснулась. Её первыми словами были: «Мама, молоко!» Но молока, конечно, не было. Я подняла её из кроватки и посадила на плечи. Какой несчастной она ни была, её лицо сразу же просветлело от этого. Мама снова играла с ней!

Прежде, чем спуститься по лестнице, я быстро выдохнула молитву: «Господь Иисус, защити нас!» В тот момент я вспомнила последние строки письма Эрны Сторм: «Мы провозглашаем для вас обетование Псалма 33:8: *«Ангел Господень ополчается вокруг боящихся Его и избавляет их»».* Как мало я тогда, читая письмо, понимала, как мне понадобится это обетование!

Я направилась в Мусрару. Ноги Тиквы обхватили мою шею, а и своими руками она обнимала мою голову. Утреннее солнце уже неприятно припекало, освещая закрытые ставнями дома и пустынные улицы. Но больше чем жара, угнетала жуткая тишина. Даже кошка или собака порадовали бы глаз. Примерно через каждые сто метров мне приходилось преодолевать баррикады из камней и других подручных средств, перегородивших улицы. Мучительно, на полу четвереньках я перелезала через них, продолжая держать Тикву на плечах.

Примерно через километр мне преградила путь баррикада на метр выше остальных, которая знаменовала собой разделительную линию между еврейской и арабской зонами. Я начала взбираться на неё, но когда я еще не преодолела и половины её высоты, из-под моей ноги выскользнул камень, и я с посыпавшимися булыжниками покатилась вниз, чуть не упустив Тикву. Поняв, что мои силы были на исходе, я усадила Тикву на землю и села рядом с ней. Сама бы я как-нибудь смогла перелезть. Но как Тикву переправить на другую сторону?

Вдруг ко мне пришло странное чувство, что я уже не одна. Все мускулы моего тела напряглись. Быстро обернувшись, я увидела молодого человека, стоявшего на дороге в паре метров от меня. Я чуть не закричала, но прежде, чем я успела что-то произнести, молодой человек подхватил Тикву и посадил её на свои плечи, точно так же, как это делала я. Затем, совершенно не напрягаясь, он перелез через баррикаду. Освободившись от груза Тиквы, я смогла перелезть вслед за ним.

Как только я оказалась на другой стороне, молодой человек пошёл по дороге – Тиква по-прежнему находилась у него на плечах, а я в двух шагах следовала за ним. Всё ещё пытаясь понять, что происходит, я старалась внимательнее изучить этого молодого человека. Его рост был примерно метр восемьдесят. На нём был тёмный костюм европейского покроя. Явно, что это был не араб. Возможно, он был евреем? Откуда он появился? Как так получилось, что он вдруг оказался рядом со мной?

Больше всего меня поразило поведение Тиквы. Обыч-

но, если её пытался взять на руки чужой человек, она начинала плакать. Но я не услышала ни единого звука протеста
с тех пор, как её взял этот молодой человек. Она путешествовала на его плечах с таким же удовольствием, как и на
моих. Она действительно получала от этого удовольствие!

Примерно километр молодой человек шёл вперёд. Он
не раздумывал, куда идти, но шёл в Мусрару самым пря-
мым путём. Каждый раз, когда нам встречалась баррикада,
он преодолевал её первым, а затем ожидал, пока это сделаю я. Наконец, он остановился прямо перед домом мисс
Ратклифф, спустил Тикву на землю, развернулся и пошёл
обратно тем же путём, каким мы пришли. За всё время нашей встречи он не произнес ни слова, ни поздоровавшись,
ни попрощавшись. Через минуту он исчез из вида.

Всё ещё раздумывая, было ли это со мной во сне или
наяву, я взяла Тикву на руки, поднялась по лестнице к
входной двери мисс Ратклифф и начала сильно стучать по
ней.

– Кто там? Что вам нужно? – спросил чей-то голос по-
арабски.

– Это я, Мария! Мисс Кристенсен! Пожалуйста, впусти
меня!

– Мисс Кристенсен!? – Мария чуть не задохнулась от
удивления. Затем я услышала, как она прокричала вглубь
дома, – Это мисс Кристенсен! Она стоит у двери!

Затем последовал ряд звуков – тяжёлая мебель была
отодвинута и засов открыт. Наконец, дверь отворилась, и
Мария взяла Тикву из моих рук.

– Слава Богу, вы невредимы! – позади неё стояла мисс
Ратклифф, – два дня мы так переживали, что случилось с
вами.

Вдруг я поняла, что мои ноги больше не могут держать
меня. Последним усилием воли я добралась до дивана и
почти рухнула на него.

– Пожалуйста, воды! – сказала я. Всё ещё держа Тикву
на руках, Мария побежала и вернулась через минуту со
стаканом воды. Ничто из выпитого в моей жизни не было

таким вкусным.

– Как же вы попали сюда? – не могла успокоиться мисс Ратклифф, – мы звонили в полицию и попросили их послать наряд за вами, но они сказали нам, что проникнуть в Маханех-Йехуда невозможно.

Я описала своё путешествие и молодого человека, который пришёл мне на помощь.

– *Эль-хамд иль-Аллах!*, – воскликнула Нижмех, от возбуждения хлопая в ладоши, – Бог ответил на наши молитвы! Мы попросили Его послать ангела для вашей защиты, и именно это Он и сделал!

13. Страж на стене

В тот же день мисс Ратклифф поведала мне о тех событиях, которые послужили подоплёкой происходящего. Насколько она поняла их из радиосообщений, политические и религиозные демонстрации, как сионистов, так и мусульман, переросли в настоящее восстание. Затем в пятницу, 23-го августа, мусульмане начали нападать на разные еврейские общины. Именно в тот день началась наша осада в Маханех-Йехуда. До сих пор силам безопасности не удалось взять ситуацию под свой контроль. По предварительным подсчётам было убито примерно двести человек – большинство евреев, но также и несколько арабов.

– Что еще хуже, – добавила мисс Ратклифф, – верховного комиссара Великобритании нет в стране. Но по последним сообщениям, он находится на пути назад.

Ещё три дня обстановка в городе оставалась без изменения, двери были закрыты, ставни окон захлопнуты, а улицы пустынны. Над всем нависла напряжённая, неестественная тишина, нарушаемая теперь уже привычным звуком стрельбы. Затем в четверг вечером, 29-го августа, по радио объявили, что вернулся верховный комиссар.

– Может быть, теперь, будут предприняты какие-то меры! – прокомментировала Нижмех.

Рано утром следующего дня городская тишина была нарушена новым звуком: резким стрекотом пулемётной стрельбы.

– Пулемёты! – воскликнула мисс Ратклифф, – Должно быть, это британские военные силы. Ни у арабов, ни у евреев пулемётов нет.

Около полудня мы услышали звуки приближающегося транспорта. Я осторожно выглянула через щель в створке. По дороге ехала британская бронемашина с пулемётом. За ней ехала открытая полицейская машина примерно с десятком полицейских, вооруженных винтовками. Эти две машины проследовали мимо дома и повернули за угол в том направлении, откуда я пришла из Маханех-Йехуда. Примерно через пять минут с той стороны раздалось несколько пулемётных очередей. Затем снова опустилась тишина. Далее, в течение дня мы слышали, как – то в одном направлении, то в другом – внезапно возникала, но через время стихала стрельба.

В субботу, 31-го августа, правительство объявило, что ситуация взята под контроль, и что жителям всех районов даётся двадцать четыре часа, чтобы разобрать баррикады, которые они построили. Ближе к вечеру люди начали выходить из домов, и на улицах снова стали слышны голоса. Медленно, но уверенно, жизнь возвращалась в своё нормальное русло.

В ту ночь я зашла в комнату Нижмех.

– Нижмех, – начала я, – я хочу задать тебе несколько вопросов, которые я хотела задать уже давно – относительно того, что произошло в Дании, когда Господь впервые наполнил меня Святым Духом.

Я постаралась как можно точнее описать видение с женщиной, держащей кувшин на голове, и мужчинах, сидящими вокруг неё.

– С того времени, как я приехала в Иерусалим, – завершила я, – я видела много женщин, одетых подобным образом и с кувшином на голове, но я так и не увидела именно ту женщину.

– Мисс Кристенсен, вы меня действительно удивили! Вы в точности описали одно из действий арабской свадьбы. В детстве я не раз видела такую сцену.

– Но почему Бог показал мне это?

Нижмех немного помолчала. Потом она сказала:

– Много лет я просила Бога прислать кого-нибудь позаботиться о бездомных детях в этой стране, – в Его собственной стране. И вот Он привёл вас, чтобы помогать здесь людям: детям, женщинам, может быть и другим тоже. Если вы не перестанете слушаться Его и следовать за Ним везде, куда Он ведёт вас, то я уверена, что в один прекрасный день вы увидите ту сцену, которую описали.

— Но, Нижмех, — воскликнула я, — я пробыла здесь почти год, и всё, что мне удалось сделать, это спасти одного маленького ребёнка. Когда я только задумываюсь обо всём, что нужно делать, я не уверена, что смогу позаботиться и о других детях.

— Мисс Кристенсен, я верю, что вы закладывали фундамент того, что Бог предусмотрел для вас. А закладка фундамента почти всегда самая тяжёлая часть любого строительства. Также помните, что Бог не учит нас одному и тому же уроку дважды. Те уроки, которые вы усвоили с Тиквой, Бог не будет повторять с каждым следующим ребёнком, которого пошлёт вам.

— Может быть, ты и права, Нижмех, но сейчас я не чувствую, что это задание мне по силам.

На следующий день я решила, что можно было безопасно возвратиться в Маханех-Йехуда. Тиква начала это путешествие, идя рядом со мной, но закончила, как обычно, у меня на плечах. Шошанна, Вера, Эфраим и его семья — как у них дела? Не случилось ли чего с ними? Раньше я не осознавала, как много они значат для меня.

Выглянув из открытой двери своего магазина, Шошанна увидела нас и выбежала поздороваться с нами.

— Слава Богу! — воскликнула она. — Вы живы и здоровы! Мы все думали, что вас убили. Где вы были?

Я рассказала ей, что оставалась в квартире, пока не кончилась вода, а потом пошла с Тиквой в Мусрару.

— Вы пешком пошли в Мусрару с Тиквой? И на вас никто не напал? — Шошанна не могла поверить.

— Я помолилась и попросила у Бога защиты, — объяснила я, — затем, когда я совсем обессилела, Бог послал мне на помощь человека.

— Человека? Какой человек мог сделать это?

— Шошанна, поверишь ли: Бог послал мне на помощь... — я заколебалась, — ангела.

— Ангела? — Шошанна на мгновение пристально посмотрела на меня. — Верю ли я? Я скажу вам, во что я верю:

никто не мог этого сделать, кроме ангела!

В этот момент открылась дверь Веры, и она вышла, укутанная в свою шаль. Она усохла ещё больше. *«Хабеб-ти! Хабебти!»*, – сказала она, поглаживая мою руку. Затем она сложила свои руки как бы для молитвы и посмотрела вверх. Я поняла, что она благодарила Бога за моё благополучное возвращение. Пытаясь использовать все свои языковые познания, она продолжала:

– Я спать. – Она положила голову на руки. – Я спать... пять день – шесть день... не кушать... вода». Она вытянула пальцы, чтобы показать меру, примерно стакан, как я догадалась.

В это время Шошанна забрала Тикву в магазин и чистила ей банан.

Когда я увидела нелицемерную радость двух своих соседок по поводу моего возвращения, мои глаза наполнились слезами. Теперь я наверняка знала, что меня приняли. Я была своей. Я уже не была *вторгшимся язычником.* Это был мой народ. Я принадлежала им, а они принадлежали мне.

Поднявшись в свою квартиру, я осмотрела свое странное собрание вещей: выкрашенную в белую краску кроватку, английскую коляску, кресло-качалку, примус, бутылки на полке. Это было подобно возвращению к своим старым друзьям. У каждого предмета была своя собственная история. Я вспоминала тот магазин, где я его купила, и сколько времени я тратила на торги.

– Как хорошо быть снова дома! – сказала я сама себе.

На следующее утро мы с Тиквой отправились в знакомое путешествие на почту. Улицы снова были заполнены людьми, а магазины были открыты. Я шла медленнее, чем обычно, получая удовольствие от видов и звуков, которые я полюбила. Я задержалась перед небольшим ювелирным магазином, где мое внимание привлёк пожилой еврей, сосредоточено склонившийся над драгоценным камнем, который он обрабатывал. Я удивилась ловкости и точности его движений.

«Подумать только о времени, которое он тратит на обработку всего лишь одного камня! – подумала я. – Подумать только о годах, которые он потратил на то, чтобы овладеть своим мастерством!»

Мое сознание переключилось на мою собственную заботу о Тикве. Разве это не было школой для меня? Непроизвольно я склонила голову. «Господи, если у Тебя есть и другие драгоценные камни здесь в Иерусалиме, которые нуждаются в моём внимании, я готова».

Я почувствовала, как Тиква потянула меня за руку. «Мама – вверх!», – сказала она. Наклонившись, я подхватила её и усадила на свои плечи, и мы продолжили наше путешествие на почту.

Я не была уверена, что во время мятежа поступала почта, но к своему восторгу я обнаружила срочную телеграмму от мамы: *«Новости из Иерусалима очень тревожны, и я не получала вестей от тебя вот уже две недели. В безопасности ли ты? Может быть, тебе что-то нужно – деньги или еда? Как я могу помочь тебе?»*

Вернувшись домой, я разложила мамино послание на столе и снова перечитала его, продумывая, как ответить на каждый вопрос.

В безопасности ли я? Да, слава Богу, я в безопасности! Не только в безопасности, но жива, здорова и счастлива!

Нужны ли мне деньги? Я открыла свой кошелёк. Там было почти три доллара. Я уже заплатила за квартиру. В банке у меня было примерно шесть долларов. Нет, деньги мне не нужны.

Нужна ли мне пища? Я осмотрела полки. Там было масло и хлеб, маслины, инжир, помидоры, несколько яиц, коробка сардин, банка молока. Были также сахар и кофе. Нет, еда мне не нужна.

Я достала бумагу и начала писать письмо маме. У меня ушло несколько страниц на описание моих приключений во время мятежа и возвращения в Маханех-Йехуда. Затем я написала:

Ты спрашиваешь, как помочь мне. Я верю, что есть

некоторые вещи, которые ты – как и каждый христианин – можешь сделать. Посреди всех сражений Бог показал мне кое-что, совершенно изменившее моё мировоззрение. Я вдруг пришла к осознанию, что мы – христиане – имеем долг, который оставался неоплаченный веками – Израилю и Иерусалиму. Благодаря ним, у нас есть Библия, пророки, апостолы, Сам Спаситель. Слишком долго мы забывали об этом долге, но вот наступило время начать выплачивать его, а сделать это мы можем двумя способами.

Прежде всего, нам надо покаяться в наших грехах против Израиля: в лучшем случае, в нашей неблагодарности и безразличии; в худшем случае, в нашем открытом презрении и гонениях.

Затем, с истинной любовью и заботой, мы должны молиться так, как нам говорит псалмопевец, «о мире Иерусалиму», помня, что мир только тогда придёт в Иерусалим, когда Израиль обратится к Богу. Бог показал мне, что отныне молиться таким образом об Иерусалиме будет той наивысшей формой служения, которую я могу предложить Ему.

Затем я взяла ладонь Тиквы, положила её на нижнюю часть страницы и обвела контур руки и пальцев. Рядом я написала: *«Тиква тоже передаёт тебе свою любовь!»*

Возвращаясь на почту на следующее утро, чтобы отправить письмо маме, я приостановилась, чтобы посмотреть на теперь уже такие родные очертания стен Старого Города. Как бы я чувствовала себя, если бы мне пришлось стоять там, в качестве сторожа, терпя пылающий жар дня и безмолвный холод ночи?

Выполнять такой задание порой очень утомительно и одиноко, – подумала я. Стены такие обширные; направлений, с которых может подойти враг, так много. Но должно быть, стражей много, – целая армия, стоящая плечом к плечу... *Господи, помоги мне занять своё место как стража на стенах!*

Эпилог:
драма в трёх действиях

Летом 1974 года, сорок пять лет спустя после событий, описанных в этой книге, мы с Лидией обозревали Иерусалим с Елеонской горы, осматривая места, где мы жили.

— Вон Абу-Тор, — сказал я, указывая на холм за долиной Хинном в южной части Старого Города, — там ты принесла Тикву в полудвал мисс Ратклифф.

— Да, — ответила Лидия, — а правее Мусрара, а где-то позади Маханех-Йехуда.

— А прямо напротив, — сказал я, — дом, где мы жили, когда родилось государство Израиль.

Некоторое время мы продолжали предаваться воспоминаниям о том, что связывало нас с Иерусалимом, и что этот город значил для нас. Однако Лидия, не была бы Лидией, если бы захотела слишком долго останавливаться на прошлом.

— А как насчёт будущего? — задала она тот вопрос, который часто задавала, — Что будет с Иерусалимом?

Ответ можно было найти только в одной Книге. Мы вместе присели на каменную стену, и я вынул свою карманную Библию. Примерно два часа мы перелистывали страницы, часто останавливаясь, чтобы пристально вглядеться в город, раскинувшийся перед нами, снова удивляясь тому, какое особое место он занимает в сердце Божьем. Наконец, Лидия повернулась ко мне с очень решительным выражением лица, которое мне было так знакомо.

— Дерек, — сказала она, — уже несколько месяцев ты заставляешь меня напрягать память, вспоминая мельчайшие подробности того, что случилось десятки лет назад. — Это было правда: для того, чтобы заставить Лидию долго пребывать в прошлом, требовалось определённое давления с моей стороны.

– Я буду это делать, – продолжала она, – но при одном условии, что ты внесёшь в эту книгу то, что нам открылось сегодня о *будущих* десятилетиях.

Итак, исполняя свою сторону уговора, я должен написать следующее...

В раскрывающемся откровении Бога человеку Иерусалим выполняет двойную функцию. Во-первых, он является сценой, на которой выступает истина; во-вторых, центром, откуда она распространяется.

Мы можем представить себе это откровение, как драму в трёх действиях, охватывающих три тысячелетия. Режиссёр этой драмы – Сам Бог. В каждом действии своя собственная тема, и место действия – Иерусалим.

Действие первое:

Мы должны вернуться ко времени Давида и Соломона – началу истории Иерусалима, как ключевого города. Тема первого действия: *благословение народа, собранного под Богом.* Кульминацией откровения является храм Соломона с его невообразимой роскошью посреди народа, наслаждающегося миром, благополучием и избытком, которые не имеют параллели в истории человечества.

Однако, Бог дал им такое процветание – как и во всех Своих действиях с евреями – не только для них самих. Согласно Его плану, свидетельство этого благословения и его причины должно распространиться из Иерусалима во все народы. Готовясь к строительству храма, Давид сказал: «*дом, который следует выстроить для Господа, должен быть весьма величественен, на славу и украшение пред всеми землями...*» (1-я Паралипоменон 22:5) В кульминационный момент правления Соломона эта цель была достигнута. Царственные особы из всех стран, включая царицу Савскую, приходили в Иерусалим и восхищались славой храма, богатством и мудростью Соломона и процветанием Израиля.

Однако слава царства Соломона была кратковременной. После его смерти непослушание и разделение разрушили всю структуру. Северная часть разделённого царства, известная как Израиль, была захвачена Ассирией, была выселена со своего места и рассеяна среди других народов. Позднее южная часть, известная как Иудея, со столицей в Иерусалиме, была побеждена Вавилоном. Иерусалим и славный храм были разрушены; Иуда был пленён и переселён в Вавилон.

В свое время остаток Иуды вернулся обратно в Иерусалим и на окружающие территории. В течение последующих пяти веков восстановленное еврейское государство боролось за жизнь, находясь в тени разных языческих империй – с Римом в завершение. Так была подготовлена сцена для Действия второго ...

Действие второе:

Тема: *примирение – между Богом и человеком, между любовью Божией и Божией справедливостью.* Обращаясь, как Отец к детям, которые заблудились, любовь Божия взывала: «Вернитесь!» Но говоря, как Судья, божественная Справедливость провозглашала: «Вы виновны, вы не готовы к возвращению».

На горе, называемой Голгофой, сразу же за стенами Иерусалима, совершилось примирение. Справедливость была раз и навсегда удовлетворена искупительной смертью единственного и безгрешного Сына Божия во исполнение пророчества Исаии: *«Все мы блуждали как овцы, совратились каждый на свою дорогу: и Господь возложил на Него грехи всех нас»* (Исаия 53:6).

Затем Любовь смогла предложить полное и окончательное прощение, также выраженное пророком Исаией: *«Если будут грехи ваши как багряное, – как снег убелю; если будут красны, как пурпур, – как волну убелю»* (Книга пророка Исаии 1:18).

Опять-таки Иерусалиму суждено было стать центром, из которого свидетельство Божественной истины – на этот раз факт примирения – должно было распространиться ко всем народам. Обращаясь к Своим ученикам после Своего воскресения, Иисус объяснил им, что Его смерть исполнила пророчества Писания и открыла дверь для провозглашения вести о прощении и мире всем народам: «*...так написано, и так надлежало пострадать Христу, и воскреснуть из мёртвых в третий день, и проповедану быть во имя Его покаянию и прощению грехов во всех народах, начиная с Иерусалима*» (Евангелие от Луки 24:46-47).

Он также пообещал наделить Своих учеников сверхъестественной силой Святого Духа, чтобы сделать их свидетельство действенным: «*Но вы примете силу, когда сойдёт на вас Дух Святой; и будете Мне свидетелями в Иерусалиме и во всей Иудее и Самарии и даже до края земли*» (Деяния 1:8).

Из Иерусалима, как центра, весть примирения должна была распространяться, подобно расходящейся кругами волне – в Иудею, Самарию и, наконец, достигнуть края земли. В течение девятнадцати веков именно это было основной движущей силой учеников Христа.

В конце девятнадцатого века Бог начал готовить сцену для Действия третьего. На этот раз тема: управление народами. Об этом заявляет Давид: «*Ибо Господне есть царство, и Он – Владыка над народами*» (Псалтирь 21:29). Бог Израиля провозгласил, что Его власть распространяется на все народы.

Более того, Он назначил Своего Собственного Царя, о Котором сказал: «*И Я сделаю Его первенцем, превыше царей земли*» (Псалтирь 88:28). Перед лицом земной оппозиции и отвержения Он заявил: «*Я помазал Царя Моего над Сионом, святою горою Моею*» (Псалтирь 2:6). Он строго предупредил земных правителей, что потребует их подчинения этому Царю, Которого Он избрал: «*Итак, вразумитесь, цари; научитесь, судьи земли!... Почтите Сына, чтобы Он не прогневался, и чтобы вам не погибнуть в пути вашем, ибо гнев Его возгорится вскоре...»* (Псалтирь 2:10,12).

В конце Действия третьего Бог оправдает и докажет Свою власть и утвердит Своего Царя и Его царство над всей землей.

Действие третье:

Сцена для Действия третьего была подготовлена решительным вмешательством Бога в ход истории: возвращением евреев на их собственную землю. 14-го мая 1948 года, после полувека борьбы, родилось на свет современное государство Израиль. Все без исключения многочисленные пророчества Писания, в которых идёт речь о завершении века сего, сходятся в одном: в это время Израиль будет существовать, как народ на своей собственной земле. До тех пор, пока Израиль не будет восстановлен таким образом как нация, ни одно из этих пророчеств не может исполниться. Теперь открыт путь для исполнения всех их.

Одно из самых полных пророческих видений о последнем времени находится в последних трёх главах Книги пророка Захарии – с 12 по 14. И мы используем эти три главы в качестве системы координат для составления плана, развёртывающегося шаг за шагом в потоке главных событий, которым ещё предстоит произойти в Иерусалиме.

В первом стихе Господь приводит три причины, по которым Он способен не только предсказать, но и проконтролировать последующие события. Он есть *«распростёрший небо»*, *«основавший землю»*, и *«образовавший дух человека внутри него»*. От высоты небес до глубины земли, Господь полностью контролирует физическую вселенную. К тому же, Он знает и контролирует «дух человека» – внутренние побуждения, мотивы и цели всех людей на земле. Поэтому Его предсказания безошибочны.

Рассматривая Иерусалим как сцену, подготовленную для Действия третьего Божественной драмы, давайте поделим последующее пророческое видение на девять последовательных «сцен», каждая из которых представляет собой фазу разворачивающегося видения. Некоторые сцены могут переплетаться; между некоторыми может быть значительный промежуток.

Сцена 1: Реакция арабов

«Вот, Я сделаю Иерусалим чашею исступления для всех окрестных народов и также для Иуды во время осады Иерусалима» (Захария 12:2).

Итак, первая немедленная реакция на образование государства Израиль: яростное озлобление со стороны «всех окрестных народов», и, как результат, – осада, направленной против Иерусалима и Иуды (еврейского народа). Что это за народы вокруг Иерусалима? Ливан, Сирия, Ирак, Иордания, Эмираты, Египет.

Очевидно, что эта первая стадия пророчества уже исполнилась. Как только возникло государство Израиль, все эти народы сразу же объявили ему войну и решили уничтожить его. В течение двух месяцев еврейский Иерусалим был на осадном положении и почти обречён на капитуляцию из-за голода. От этой осады зависела судьба всего Иуды (еврейского народа в Израиле). Если бы еврейский Иерусалим пал, то государство Израиль никогда бы не выжило.

Сцена 2: Неподъёмный камень

«И будет в тот день, сделаю Иерусалим тяжёлым камнем для всех племён; все, которые будут поднимать его, надорвут себя...» (Захария 12:3).

Охват этого пророчества широк. Теперь речь идёт обо всех народах – не просто об окружающих государство Израиль. Все народы земли будут вовлечены в проблему Иерусалима, но никто так и не сможет решить её.

В некоторой степени это уже исполнилось. В 1947-1948

годах Великобритания попыталась поднять этот камень, но «сильно надорвалась». (Насколько показательно то, что распад Британской империи начался именно с этого момента истории!) Когда Великобритания не смогла поднять этот камень, шведский граф Бернадотте попытался вмешаться в качестве посредника – но его убили. Затем камень передали Организации Объединённых Наций (представляющей «все народы»), и он стал самым неразрешимым вопросом во всей международной политике. Бог предупредил все народы, все правительства, всех политиков, которые попытаются найти чисто человеческое решение по вопросу Иерусалима: все, кто попытаются это сделать, *«надорвут себя».*

Сцена 3: Все народы против Иерусалима

«… соберутся против него (Иерусалима) все народы земли» (Захария 12:3).

В то время, когда я писал эту книгу, этого ещё не произошло. Но вполне вероятно, что это может случиться в ближайшем будущем. Действительно, в обстановке международного нефтяного кризиса существует повод для подобного сбора – этот кризис невозможно было себе представить во дни Захарии, или даже до изобретения в 20-ом веке двигателя внутреннего сгорания.

В 1947 году в ООН сначала проголосовали за создание государства Израиль, а также приняли резолюцию о международном контроле над Иерусалимом. Эта резолюция никогда не была приведена в действие; но она также не была отменена. Предположим, что ООН решится осуществить эту резолюцию, а затем потребует, чтобы Израиль передал им, как международной власти, контроль над Иерусалимом. И предположим, что Израиль откажется сделать это. Что тогда? Если ООН соберёт международную армию для исполнения этого решения вопреки сопротивлению Израиля, результат будет именно таким, как предсказывал Захария.

Конечно, это только один из возможных вариантов, как может случиться это последнее, всеобщее наступление на Иерусалим. Превращения и комбинации в международной политике настолько запутаны, что только бесконечная мудрость Самого Бога может предвидеть курс событий с абсолютной определённостью. Но сейчас где-то за кулисами, ожидая времени для своего появления, маячит зловещая фигура ложного мессии. Захария называет его *«негодным пастухом»* (Захария 11:17). Новый Завет называет его *«человеком беззакония… …сыном погибели»* (2-е Фессалоникийцам 2:3), *«антихристом»* (1-е Иоанна 2:22), *«зверем»* (Откровение 13:1-4), – буквально: *«свирепым и диким зверем»*.

Точно также трудно предсказать точную роль, которую сыграет этот антихрист в последнем действии драмы. Как человек исключительного ума и личного обаяния, он поднимется к господствующей позиции в мировой политике, благодаря серии странных и драматических обстоятельств. Благодаря своей жуткой и сверхъестественной способности манипулировать людьми и народами он заключит некое соглашение с Израилем (см. Даниила 9:27), что позволит им построить еврейский храм в Иерусалиме. Это даст ему чрезвычайное расположение в глазах миллионов евреев. Фактически, этого будет достаточно, чтобы многие из них признали его как своего мессию – хотя такое понимание не будет основываться на Писании.

Прежде, чем соглашение с Израилем будет исполнено до конца, обнаружится вероломная хитрость этого антихриста. Нарушив своё обещание Израилю, он потребует место для самого себя в этом храме, чтобы ему поклонялись как Богу (2-е Фессалоникийцам 2:3-4; Откровение 13:4,8). Всякий искренний иудей отвергнет такое богохульное требование. В отместку антихрист обратится против всего еврейского народа со свирепостью, которая оправдает его титул «дикого зверя», и он использует своё всемирное влияние, чтобы организовать войну против государства Израиль и возбудить преследование евреев во всех странах.

Не пытаясь просчитать все тонкости и обманы политики антихриста, мы переходим к последнему результату, о котором дано ясное предсказание: «соберутся против Иерусалима все народы земли».

Защитники Иерусалима, в конце концов, потерпят полную катастрофу: «*взят будет город, и разграблены будут домы, и обесчещены будут жёны, и половина города пойдёт в плен...*» (Захария 14:2). Действительно, по всей территории Израиль перенесёт тяжкое поражение. Две трети евреев в стране будут убиты. Но оставшаяся треть по милости Божией признает Господа как своего Спасителя и Освободителя (Захария 13:8-9).

Это будет кульминационной точкой того периода, который Иеремия называет «*бедственным временем для Иакова*» (Иеремия 30:7). Ангел Гавриил так говорит Даниилу относительно этого времени: «*...наступит время тяжкое, какого не бывало с тех пор, как существуют люди...*» (Даниил 12:1).

Однако и Иеремия, и Даниил обещают Израилю окончательное освобождение. Иеремия говорит: «*но он [Иаков] будет спасён от него*» (Иеремия 30:7). Гавриил говорит Даниилу: «*Но спасутся в это время из народа твоего все, которые найдены будут записанными в книге*» (Даниил 12:1). «*Записанные в книге*» – это предузнанные и предопределённые Богом, соответствующие одной трети остатка Захарии.

Сцена 4: Вмешательство Божье

«*Тогда выступит Господь и ополчится против этих народов, как ополчился в день брани*» (Захария 14:3).

В этот момент произойдёт нечто, что человеку, воспитанному в современной рационалистической культуре, практически невозможно представить. Когда угаснет всякая надежда на выживание Израиля в целом, как нации, в дело вмешается Сам Бог. Цель Его вмешательства будет двойной: 1) привести суд на народы, атакующие Иерусалим, и 2) явить милость Израилю (Захария 12:9; 14:3).

Это Божие вмешательство против осаждающей Иерусалим армии не будет «военным» вмешательством в обычном смысле. Это будет сверхъестественное бедствие, которое поразит и ум, и тела атакующих. В конце концов, они в замешательстве выступят друг против друга и сами произведут свое уничтожение (Захария 12:4; 14:12-15)

В то же самое время Господь сверхъестественно коснётся Святым Духом сердец Израиля, открывая Себя как Того, Которого они отвергли и распяли: *«А на дом Давида и на жителей Иерусалима изолью дух благодати и умиления, и они воззрят на Него, Которого пронзили, и будут рыдать о Нём, как рыдают об единородном сыне, и скорбеть, как скорбят о первенце»* (Захария12:10).

В результате этого наступит время такого глубокого оплакивания и покаяния для всех выживших в Израиле, какого ещё никогда не было в истории этого народа (Захария 12:12-14).

Сцена 5: Явление Царя

«И станут ноги Его в тот день на горе Елеонской, которая пред лицом Иерусалима к востоку… и придёт Господь Бог мой и все святые с Ним» (Захария 14:4-5).

Очевидно, до этого момента вмешательство Господа – как против атакующих народов, так и на стороне Израиля – будет достигаться духовной силой. Но в определённый момент, который точно не называется, произойдёт самое драматическое событие во всей истории человечества. В сопровождении неисчислимого воинства, состоящего как из ангелов, так и из воскресших верующих, Сам Иисус спустится с Небес и встанет на горе Елеонской.

Так Бог исполнит то, что пообещали ангелы ученикам, когда Иисус вознёсся на Небеса: *«…Сей Иисус, вознёсшийся от вас на небо, приидет таким же образом, как вы видели Его восходящим на небо»* (Деяния 1:11). Он вознёсся в облаке – Он спустится в облаке. Он вознёсся с горы Елеонской – Он вернётся на гору Елеонскую.

Сцена 6: *Землетрясения и катаклизмы*

«...И раздвоится гора Елеонская от востока к западу весьма большою долиною, и половина горы отойдёт к северу, а половина её – к югу» (Захария 14:4).

В результате сошествия Господа на Елеонскую гору во всём этом регионе произойдут колоссальные геологические подвижки. Землетрясение разделит Елеонскую гору на две части, отделив северную часть (гору Скопус) от южной части (самой горы Елеонской). Весь Иерусалим приподнимется и станет доминирующей возвышенностью этой территории (Захария 14:10). Это согласовывается с пророчеством Исаии и Михея: *«И будет в последние дни, гора дома Господня будет поставлена во главу гор и возвысится над холмами...»* (Исаия 2:2 и Михей 4:1).

Произойдут также метеорологические перемены, которые выделят этот день из всех других дней в истории земли: *«И будет в тот день: не станет света, светила удалятся. День этот будет единственный, ведомый только Господу: ни день, ни ночь; лишь в вечернее время явится свет»* (Захария 14:6-7).

За все века своего существования, Иерусалим сам по себе никогда не имел достаточного снабжения водой. Но в результате этих геологических катаклизмов, Иерусалиме впервые станет источником воды. Откроются артезианские источники, из которых потекут реки на восток и на запад (Захария 14:8). На востоке река потечёт через долину, которая образуется в результате землетрясения на горе Елеонской, и дальше через Иудейскую пустыню к Мёртвому морю. Где бы ни протекала эта река, она принесёт жизнь и плодородие. Это подробно описано в Книге пророка Иезекииля 47:1-12.

Сцена 7: «В доме любящих Меня»

После того, как Господь лично спустится на землю, Он вступит в близкие взаимоотношения с уцелевшим остатком Израиля. Он откроет им Себя во всей полноте Своей человечности, как их Пастырь, Который отдал жизнь за Своих овец (Захария 13:7). С удивлением глядя на следы Его распятия, они спросят: *«От чего же на руках у тебя рубцы? И Он ответит: Оттого, что меня били в доме любящих меня* (Захария 13:6). (Русский синодальный перевод очень точно передаёт смысл еврейского оригинала – *«любящих Меня»* – примеч. ред.) После двух тысячелетий отчуждённости и отвержения Господь уверяет Свой народ, что Он видит в их сердцах любовь к Нему.

Сцена 8: Очищение и обновление

«В тот день откроется источник дому Давидову и жителям Иерусалима для омытия греха и нечистоты» (Захария 13:1).

Вдобавок к земным катаклизмам наступит период духовного очищения и обновления. Исчезнут все виды идолопоклонства и религиозного обольщения. После этого всех, кто попытается вновь заниматься подобными вещами, будут умерщвлять (Захария 13:2-5).

В результате этих очищающих процессов Иерусалим воистину станет «святым городом» не только на словах, но и на деле. Долговременное различие между святым и нечистым – или между кошер и не-кошер – перестанет относиться к Иерусалиму. Всё в этом городе станет кошер – независимо от простоты и приземленности употребления. Захария 14:20-21: *«В то время даже на конских уборах будет начертано: «Святыня Господу», и котлы в доме Господнем будут, как жертвенные чаши перед алтарём. И все котлы в Иерусалиме и в Иудее будут святынею Господа Саваофа,… и не будет более ни одного Хананея [купца] в доме Господа Саваофа в тот день».*

Никто больше не сможет использовать дом Божий для личного обогащения.

Финальная сцена: Один Царь над всей землей

«И Господь будет Царём над всею землёю; в тот день будет Господь един, и имя Его едино» (Захария 14:9)

На все народы распространится первоначальная Божья модель теократического правления. С Иерусалимом в качестве Своего земного центра Христос будет править, как Царь, над всей землёй. По примеру Мелхиседека – царя-священника, который правил Иерусалимом во дни Авраама (Бытие 14:18-20) – Христос соединит в Самом Себе две священные обязанности Царя и Священника.

Как Царь, Христос также будет верховным Судьёй. Одним из первых Его действий будет призыв ко всем народам явиться на Его суд: *«Когда же приидет Сын Человеческий во славе Своей и все святые Ангелы с Ним, тогда сядет на престоле славы Своей, и соберутся пред Ним все народы; и отделит одних от других, как пастырь отделяет овец от козлов; и поставит овец по правую свою сторону, а козлов – по левую»* (Евангелие от Матфея 25:31-33)

Разделение на народы «овцы» и народы «козлы» произойдёт согласно одному ясному принципу – согласно тому, как они относились к евреям, когда тех преследовали во время антихриста.

Овцам, – тем, которые явили в то время милость к евреям, Христос скажет: *«...приидите, благословенные Отца Моего, наследуйте Царство, уготованное вам от создания мира... истинно говорю вам: так как вы сделали это одному из сих братьев Моих меньших, то сделали Мне»* (Евангелие от Матфея 25:34,40).

Козлам, – тем, кто отказался проявить милость к евреям, Христос скажет: *«...идите от Меня, проклятые, в огонь вечный, уготованный диаволу и ангелам его... истинно говорю вам: так как вы не сделали это одному из сих братьев Моих меньших, то не сделали Мне»* (Евангелие от Матфея 25:41,45).

Тогда народам–овцам будет разрешено занять своё место в Царстве Христа; народы–козлы не будут туда допущены.

Установленное Царство Христово намного превзойдёт царство Соломона, как в своей славе, так и в размахе своих благословений. По мере завершения великой драмы в трёх действиях мы видим, что все народы, которые остались на земле, будут регулярно приходить в Иерусалим, чтобы разделять благословения Царства и чтобы вместе с Израилем праздновать Праздник Кущей (Захария 14:16-21).

Что означают эти пророчества для нас сегодня

Вот что писал апостол Пётр первым Христианам относительно пророчеств Ветхого Завета о возвращении Господа: *«И притом мы имеем вернейшее пророческое слово; и вы хорошо делаете, что обращаетесь к нему, как к светильнику, сияющему в тёмном месте, доколе не начнёт рассветать день и не взойдёт утренняя звезда в сердцах ваших»* (2-е Петра 1:19).

Для неверующего окружающий мир становится всё темнее. Осознавая всё возрастающее давление и умножение проблем, мировые лидеры пытаются найти стабильные решения, но их труд будет тщетен. Однако для верующего свет пророческого откровения, подобно светильнику, сияет всё ярче и ярче по контрасту с окружающей тьмой.

Пётр сравнивает эффект этих пророчеств с восхождением «утренней звезды» в нашем сердце. Пётр использует метафору, связанную с планетой Венера. В определённое время года, «утренняя звезда» появляется на восточном небосклоне прямо перед восходом солнца. Иногда эта «звезда» сияет так ярко, что частично рассеивает окружающую тьму. Так она становится предвестником восхода солнца, свидетельствуя всем – кто понимает её послание – что солнце готово появиться на горизонте.

Точно также обстоит дело и с нами, когда мы внимательно относимся к пророческой истине. Подобно утренней звезде, восходящей в наших сердцах и разгоняющей окружающую тьму, приходит непоколебимая внутренняя уверенность: *скоро явится наш Господь*.

Такая вера не является мистическим бегством от реальности. Напротив, она основана на проверенном опыте. По скромным подсчётам более половины пророчеств Писания об Израиле и Иерусалиме уже точно и буквально исполнились – часто вопреки всем человеческим предположениям. Только слепая предвзятость может отвергнуть, не пытаясь вникнуть в суть, то утверждение, что оставшиеся пророчества исполнятся точно также.

В Британской энциклопедии издании 1911 года есть статья немецкого профессора по имени Нёлдеке на тему иврита. В ходе своего исследования он полностью отвергает «возможность того, что еврейская государственность когдалибо снова появится на Ближнем Востоке». Менее чем полвека спустя, именно то, что учёный профессор отверг как абсурдную нелепость, стало историческим фактом!

Бог даёт такой комментарий этому в Книге пророка Исаии: «*…[Господь] мудрецов прогоняет назад и знание их делает глупостью, …[Он] утверждает слово раба Своего и приводит в исполнение изречение Своих посланников, …говорит Иерусалиму: «ты будешь населён», и городам Иудиным: «вы будете построены, и развалины его Я восстановлю»* (Исаия 44:25-26).

Об этом же говорит псалмопевец Давид: «*Господь разрушает советы язычников, уничтожает замыслы народов. Совет же Господень стоит вовек; Помышления сердца Его – в род и род*» (Псалтирь 32:10-11).

Перед лицом всего неверия и оппозиции, Господень план восстановления Израиля и Иерусалима будет исполнен – *шаг за шагом* – именно так, как Он показал это через Своих пророков!

Для заметок

Для заметок

Дерек Принс
НАЗНАЧЕНИЕ В ИЕРУСАЛИМ

Подписано в печать 03.12.2010г. Формат 84x108^1/$_{32}$
Печать офсетная. Тираж 10 000 экз.
Заказ № 2888 (10173А)

Отпечатано в типографии "Принткорп",
ЛП № 02330/04941420от 03.04.02009.
Ул. Ф.Скорины 40, Минск, 220141. Беларусь.